Beck'sche Reihe
BsR 833
Aktuelle Länderkunden

Nepal, das einzige Hindu-Königreich der Welt, war bis in die Mitte dieses Jahrhunderts für Fremde praktisch „verbotenes Land". Heute ist es mit einer Viertelmillion Touristen im Jahr eines der beliebtesten Reiseziele Asiens und besonders des Himalayaraumes. Die landschaftliche Schönheit und das vielfältige Volksleben nimmt den Fremden sofort gefangen. Dennoch bleibt das Land in seinen naturräumlichen Zusammenhängen und in seiner kulturellen Vielfalt dem Kurzzeitbesucher oft weitgehend verschlossen.

Diese Landeskunde möchte hier dem Reisenden zur Hand gehen. Der Autor weckt Verständnis für die geographischen, wirtschaftlichen und sozialen Probleme des Landes. Eingegangen wird auch auf die Schwierigkeiten, die sich einer zügigen Entwicklung in den Weg stellen. Der König versucht, durch eine Politik der „Friedenszone" zwischen Indien im Süden und China im Norden die wirtschaftliche und politische Eigenständigkeit zu erhalten, aber die Kräfte und Interessen der Nachbarn sind oft zu verschieden von denen Nepals. So steht das Land nicht nur aus ökologischen und ökonomischen, sondern auch aus geopolitischen Gründen vor einer ungewissen Zukunft.

Wolf Donner, Dipl.-Volkswirt, Dr. rer. pol., Ph. D. in Sozialwissenschaft mit Schwergewicht Geographie, arbeitet als Fachautor für Entwicklungsfragen. Er war zwölf Jahre Berater für Agrarentwicklung im Dienste der Vereinten Nationen (FAO), ist Verfasser zahlreicher Länderkunden und Mitarbeiter wissenschaftlicher Institute. Der vorliegende Band basiert auf Berufstätigkeit in Nepal 1966–1969, auf ständigen Kontakten und weiteren Besuchen, die er dem Land als Redakteur der Zeitschrift *Nepal Information* abstattete.

WOLF DONNER

Nepal

Im Schatten des Himalaya

VERLAG C.H. BECK MÜNCHEN

Mit 2 Karten (Wolf Donner), 2 Schaubildern und
12 Abbildungen (Eka Donner)

CIP-Titelaufnahme der Deutschen Bibliothek

Donner, Wolf:
Nepal : im Schatten des Himalaya / Wolf Donner. –
Orig.-Ausg. – München : Beck, 1990
    (Beck'sche Reihe ; 833 : Aktuelle Länderkunden)
    ISBN 3-406-33179-3
NE: GT

Originalausgabe
ISBN 3 406 33179 3

Einbandentwurf von Uwe Göbel, München
Umschlagbild: Sherpafrau (IFA-Bilderteam, München)
© C. H. Beck'sche Verlagsbuchhandlung (Oscar Beck), München 1990
Gesamtherstellung: Appl, Wemding
Printed in Germany

Inhalt

Einleitung

Das Königreich Nepal, das lange als „verboten", als „Fieberhölle" oder doch wenigstens als „geheimnisvoll" apostro-
phiert, das dann in einer Euphorie der Schneegipfel- und
Goldpagodenromantik idealisiert wurde, gehört heute in der
Statistik der Nationen zu den ärmsten Ländern der Dritten
Welt und wird entsprechend reichlich mit personeller, technischer und finanzieller Entwicklungshilfe bedacht. Das Land,
das erst zu Beginn der 1950er Jahre seine Grenzen für jeder-
mann öffnete, wird inzwischen im Jahr von einer Viertelmillion Touristen besucht. All das konnte nicht ohne Einfluß auf
sein Erscheinungsbild bleiben.

Wer, wie der Verfasser, von 1966 bis 1969 als Berater in Nepal lebte, konnte bei späteren Besuchen große Veränderungen
zum Guten wie zum Fragwürdigen nicht übersehen. Dabei beziehen sich diese Veränderungen überwiegend auf die Städte,
das Grenzgebiet zu Indien und jene Zonen des Inneren, die
durch Entwicklungsprojekte und Touristenströme nachhaltig
berührt wurden. Das bedeutet auf der anderen Seite, daß weite Teile Nepals, die der Kurzzeitbesucher kaum je zu Gesicht
bekommt, nach wie vor ursprünglich sind und es auch noch
lange bleiben werden. Dafür sorgen schon die verkehrsfeindli-
che Topographie und die geographischen Besonderheiten, die
einer raschen technischen und wirtschaftlichen Entwicklung
im Wege stehen.

Wir behandeln in diesem Buch zunächst den natürlichen
Lebensraum Nepals und dessen Entwicklungsmöglichkeiten,
hängt doch die Chance eines Landes, sich zu entwickeln und
zu verändern, in erster Linie von seinen natürlichen Reichtü-
mern und der Lage zu den Nachbarländern ab. Ein zweiter
Aspekt ist die gesellschaftliche Dynamik der Bevölkerung,
sind die entwicklungsfördernden und -hemmenden kulturellen

Eigenheiten und Machtstrukturen. Im Entwicklungsprozeß wirken die naturräumlichen und die sozialen Kräfte aufeinander ein, was zu positiven, aber auch zu bedenklichen Konsequenzen führen kann. Die Regierung steht zwar hinter der Entwicklungspolitik, aber es fehlt nicht an Stimmen, die warnen. Ist es Zufall, daß im Nepalischen die Worte „Entwicklung" und „Zerstörung" – *bikas* und *binas* – so ähnlich klingen?

In mancher Hinsicht ist Nepal ein „typisches" Entwicklungsland mit rasch wachsender Bevölkerung und ebenso rasch abnehmenden natürlichen Ressourcen, vor allem an kultivierbaren Böden. Die Verwertung des größten Naturreichtums, des Wassers, stößt auf technisch-ökologische, ökonomische und politische Hindernisse. Die Situation als Binnenstaat, der jederzeit vor allem von dem großen südlichen Nachbarn Indien unter Druck gesetzt werden kann – und auch wird, wie die Ereignisse von 1989 zeigten – erschwert eine wirtschaftliche Entwicklung zusätzlich.

Von alldem sieht der Besucher nicht viel, wenn er nicht eigens nachfragt. Er kommt in ein Land, dessen natürliche Vielfalt und Schönheit ihn überwältigt, dessen freundliche und duldsame Menschen sofort seine Sympathie wecken und deren geistige und materielle Kultur in vielem eine Welt wiederentstehen läßt, die der Besucher aus dem hektischen „Westen" ein für allemal vergangen glaubte.

Er möge zunächst diese Welt auf sich wirken lassen, um zu erkennen, was wir „Entwickelte" verloren haben. Er sollte dann aber erkennen, daß dieses ursprüngliche Leben manchen Verzicht einschließt, den zu leisten wir in der Regel nicht mehr bereit sind. Möge dieses kleine Buch dabei eine Orientierungshilfe sein.

I. Im Schatten des Himalaya

1. Die vier Regionen

Nepal, an der Südabdachung des Himalaya gelegen, umfaßt eine Fläche von 141 000 km² und ist damit etwa halb so groß wie die Bundesrepublik Deutschland. Erdgeschichtlich entstand der Himalaya, wie neuere Forschungen zeigen, vor etwa zwanzig Millionen Jahren dadurch, daß Indien, als Bruchstück des alten Gondwanalandes über das Tethysmeer nach Norden driftete und dessen Sediment vor dem alten eurasischen Kontinent aufwölbte. Noch heute kann man im nördlichen Nepal an der Nahtstelle dieser Kontinente marine Fossilien in 4000 m Höhe finden. Der aufgefaltete Himalaya wurde sogleich einer beträchtlichen Abtragung ausgesetzt, und große Flüsse, deren Ursprung nördlich davon liegt, durchbrachen ihn im Laufe der Zeit. So entstanden eindrucksvolle Traverstäler, und der Erosionsprozeß ist bis heute nicht abgeschlossen. Er wird vielmehr, wie Geologen voraussagen, „über Hunderttausende von Jahren weitergehen, bis schließlich aus dem grandiosen Gebirge eine flache Ebene geworden ist." (Forschung – Mitteilungen der DFG, 4/87:30.) Dieser Prozeß, der auf erdgeschichtliche Zeiträume angelegt ist, kann dennoch heute beobachtet werden: Bodenabtragung, Erdrutsche und damit im Zusammenhang auftretende Überschwemmungen und Sedimentationen formen nicht nur das Gelände, sie können in dem relativ dicht bevölkerten Land auch zu örtlichen Katastrophen führen und sind ein wesentlicher Faktor in der Beurteilung aller Entwicklungsaussichten.

Das Königreich Nepal reicht von der Ebene des Ganges, die Nordindien formt, bis hinauf auf den höchsten Gipfel unserer Erde, den Sagarmatha (Mt. Everest), also von etwa 60 m bis 8848 m über dem Meer. Dabei liegen 64 Prozent des nepalischen Staatsgebietes über 1000 m, mehr als 28 Prozent sogar höher als 3000 m. Die vielen Bergzüge, Taleinschnitte, Ebenen und Plateaus bilden zahlreiche räumlich isolierte Einheiten mit klimatischen, hydrologischen und anderen Merkmalen, so daß man hier mehr als anderswo von einer ausgeprägten „Kammerung" mit erheblichen wirtschaftlichen und sozialen Konsequenzen sprechen kann.

Das Land, das sich über 800 km von Nordwesten nach Südosten hinzieht, ist im Schnitt 200 km breit und wird vertikal in einige deutlich unterscheidbare *Naturräume* gegliedert. (Haffner, 1979) Im Süden, entlang der indischen Grenze, erstreckt sich ein Tiefland, zwischen 16 und 51 km breit, das im Osten 76 m, im Westen aber bereits 280 m über dem Meer liegt. Diese Ebene, *Terai* genannt, wird an einigen Stellen durch niedrige Höhenzüge unterbrochen, die gelegentlich die Grenze nach Indien bilden oder aber kleinere Ebenen nach Süden hin abschließen, die als *Inneres Terai* bezeichnet werden. Dieser tiefgelegene Teil des Königreichs war lange Zeit mit dichtem Dschungel bedeckt, nur spärlich besiedelt und wegen der vorherrschenden Malaria gefürchtet; hierauf bezog sich auch der lange gebräuchliche Begriff von der „Fieberhölle Nepals". (Filchner, 1950:363) Tatsächlich aber war das Terai ein Schutzstreifen, hinter dem sich die Menschen, die aus verschiedenen Gründen in die Berge des Himalayavorlandes geflüchtet waren, ziemlich sicher fühlten.

Mit der erfolgreichen Bekämpfung der Malaria entwickelte es sich zu einem interessanten Siedlungsgebiet. Das Terai wurde in dem Maße, in dem die wachsende Bevölkerung des Berglandes an die Grenzen der Tragfähigkeit ihrer Böden stieß, zur Landreserve des Königreichs. Hier konnten die Defizite in der Nahrungserzeugung ausgeglichen und sogar Exportüberschüsse erwirtschaftet werden.

In den letzten zwanzig Jahren wurden nicht nur zahlreiche organisierte Ansiedlungsprojekte mit staatlicher und fremder Hilfe durchgeführt, die Rodung der Dschungel ging auch durchaus anarchisch vor sich und führte zu einer Zerstörung der letzten wertvollen Wirtschaftswälder des Landes, wobei vielfach das Holz illegal nach Indien transportiert wurde. Die gebietsweise fruchtbaren Alluvialböden des Terai sind vor allem im Norden weitgehend von Geröll und geologischem Schutt überlagert und keineswegs überall zum Landbau geeignet.

Entlang der indischen Grenze entstanden die wenigen Städte, die Nepal außerhalb der Täler von Kathmandu und Pokhara besitzt. Sie gewannen vor allem in Bezug auf die Endstationen der indischen Eisenbahnen *(railheads)*, als Orte des Im- und Exports und schließlich auch als Standorte der ersten Industrien des Landes eine gewisse Bedeutung. Dabei stützten sie sich neben den Agrarerzeugnissen des Terai auch und vor allem auf aus Indien importierte Roh- und Halberzeugnisse. Außer Zucker-, Streichholz- und Zigarettenfabriken entstanden hier kleine Walzwerke und andere Industrien, die sich aber in vielen Fällen nicht lange gegen die indische Konkurrenz behaupten konnten.

Physiographisch wird das Terai vor allem durch die zum Teil mächtigen Flüsse aus dem Himalaya gegliedert, die es von Nord nach Süd durchlaufen. Diese haben bis in die Gegenwart hinein den Straßen- und Brückenbau enorm erschwert. Sie liefern nicht nur das für die Reisbewässerung erforderliche Wasser, sondern sind eine alljährlich mit den Monsunregen wiederkehrende Gefahrenquelle. Wassermassen in breiten, häufig wechselnden flachen, kiesgefüllten Flußbetten reißen Felder fort oder überlagern sie mit sterilem Sediment und bedrohen ganze Dörfer. Mit dem Rückgang der Waldbedeckung in den Quellgebieten der Flüsse wird diese Gefahr immer größer.

Die Bevölkerung des Terai, die 1961 noch 2,8 Millionen betrug, belief sich 1981 auf 6,6 Millionen. Dieser Zuwachs liegt hauptsächlich an einer massiven Zuwanderung aus den Bergen und aus dem Ausland, denn landlose Inder, die sich frei über die Grenze bewegen können, sehen in den neugerodeten Flächen eine Chance für sich.

Nördlich an das Terai schließt sich eine Hügelzone an, die als *Churia-Berge* oder *Siwaliks* bezeichnet wird. Sie erstreckt sich mit wenigen Unterbrechungen über die ganze Länge des Landes und erreicht an einigen Stellen mehr als 1500 m Höhe. Zum Terai hin fällt dieser Höhenzug ziemlich steil ab. Er besteht aus einem Gemisch aus hartem und weichem Gestein, das sehr erosionsanfällig ist und von den breiten Kiesbetten der Flüsse durchbrochen wird. Bis in die Gegenwart hinein wurden die Wälder als schützende Bodendecke erhalten, zumal die Böden ohne jeden Nutzwert sind. Neuerdings sind aber auch die Churia-Berge vor den Holzfällern nicht sicher, da den Sägemühlen der Rohstoff auszugehen droht. Damit erwächst dem Terai eine weitere Bedrohung durch verstärkten Sedimenttransport der Flüsse. Die Siwaliks, die nur wenige Kilometer breit sind, sind der schlechten Böden wegen kaum besiedelt.

Nördlich von und parallel zu ihnen zieht sich ebenfalls über die ganze Länge des Landes die *Mahabharat-Kette* als prähimalayischer Gebirgszug hin. Gelegentlich verlaufen Siwaliks und Mahabharat-Kette so weit auseinander, daß intramontane Ebenen entstehen, die als *Inneres Terai* bezeichnet werden, Ebenen, die aber ihren eigenen Charakter haben. Beispiele dafür sind etwa das Tal von Dang, das aus einer geneigten Sedimentfläche in fast 500 m Höhe besteht, die enormer Gullyerosion ausgesetzt ist; ferner der Chitwan-Distrikt oder das (östliche) Rapti-Tal, im Schnitt 275 m hoch gelegen, das von Dschungeln und Elefantengras bedeckt war und noch immer der Lebensraum wilder Tiere wie Tiger, Nashorn und Elefant ist, obwohl weite Teile inzwischen systematisch besiedelt wurden; schließlich die weiter im Osten liegenden Täler von Sindhuli und Udaipur, 500 bis 750 m über dem Meer, die enger und steiler, aber auch viel dichter besiedelt sind als die von Dang oder Chitwan.

Mit der Mahabharat-Kette betreten wir die alten nepalischen Siedlungsgebiete. Sie war nach den Fiebersümpfen des Terai und den unwirtlichen Böden der Churia-Berge gesundes Hochland, ein Schutzwall und gleichzeitig, wenn auch fast nur an Steilhängen, besiedelbares und kultivierbares Land. Diese Gebirgskette besteht aus kristallinem Gestein im Zu-

Abb. 1: Zu den Hauptproblemen Nepals gehört die Bodenerosion. Erdrutsche können ganze Dörfer in die Tiefe reißen. Der Reisende sieht die
bedrohten oder bereits vernichteten Hänge überall im Bergland.

stand gleichmäßiger natürlicher Verwitterung und Erosion, in
das steile Flußtäler eingegraben sind. Diese liegen 200 bis
400 m über dem Meer, während sich die Gipfel auf 2000 bis
3000 m erheben. Die Besiedelungsdichte ist ungleichmäßig,
doch hat der Bevölkerungsdruck in den letzten Jahren deutlich zugenommen. Wo immer viele Menschen auf die Flächen-
einheit kommen – wie beispielsweise westlich des Narayani-
Durchbruchs und östlich der Länge von Kathmandu – wird
das durch einen hohen Grad von Entwaldung deutlich. Beim
Anflug von New Delhi etwa bekommt man einen guten Eindruck von dieser Landschaft und ihrer physischen Bedrohung.

Zwischen der Mahabharat-Kette und dem eigentlichen himalayischen Hochgebirge liegt das nepalische *Bergland,* örtlich als *pahar* oder *hills* bezeichnet. Es bedeckt einen beträchtlichen Teil des Landes und ist die Heimat vieler Nepalis. Hier liegen auch die Täler von Kathmandu und Pokhara. Im Gegensatz zu dem eindeutigen Kettencharakter der Mahabharat-Berge, die eine Ost-West verlaufende Barriere bilden und den von Norden kommenden Flüssen nur widerwillig den Durchbruch gestatten, besteht das Bergland überwiegend aus Ausläufern der Himalaya-Hauptkette, die generell Nord-Süd verlaufen und denen die Flüsse in gleicher Richtung folgen. Von den Hauptgraten ziehen sich zahllose Abzweigungen und Sporne in alle möglichen Richtungen, so daß das Phänomen der „Kammerung" Nepals hier besonders deutlich wird. Im Zentrum bleiben die Gipfel dieser Berge unter 2500 m, im östlichen und westlichen Teil werden allerdings Höhen zwischen 4000 und 4700 m erreicht.

Dieses nepalische Mittelgebirge oder Bergland, das sich in einer Breite von 50 bis 100 km von der Ost- zur Westgrenze hinzieht, ist dicht besiedelt und mithin das Opfer fortschreitender Entwaldung, mit Bodenabtragung und Erdrutschen im Gefolge. Ein Flug über diese Zone ist sehr eindrucksvoll und gibt eine Vorstellung davon, daß, wie oben erwähnt, der Abflachungsprozeß des Gebirges in vollem Gange ist. Dennoch gab diese Zone in den 1960er Jahren nahezu zwei Dritteln der Bevölkerung Lebensraum und Nahrung, wenn inzwischen auch eine deutliche Abwanderung zu beobachten ist. Die Landnutzung erfolgt naturnotwendig an oft steilen Hängen, die seit vielen Generationen terrassiert werden, und in den schmalen Tälern, die es entlang den Flüssen gibt. Reichliche Niederschläge und mildes Klima haben das Bergland zu einem bevorzugten Siedlungsgebiet gemacht, und die Abwanderung erfolgt heute vorwiegend aus nackter Not als Folge von Übervölkerung und schwindenden Bodenreserven.

Ziemlich steil und unmittelbar erhebt sich aus dem Bergland im Norden die *Himalaya-Hauptkette,* deren Gipfel ewigen Schnee tragen und die mithin zum Quellgebiet zahlreicher

Flüsse gehört. Hier finden wir acht der zehn höchsten Gipfel der Erde, darunter den Sagarmatha (Mt. Everest) mit 8848 m. Der Nordhang der Kette, die die Klimascheide zwischen Monsun-Nepal und dem tibetischen Trockenland bildet, ist weniger geneigt als die Südabdachung, wo beispielsweise das 8090 m hohe Annapurna-Massiv nur 42 km von dem auf 833 m liegenden Tal von Pokhara entfernt ist. Wir haben es hier also mit einem Anstieg von 175 m je Kilometer Horizontaldistanz zu tun.

Die Himalaya-Hauptkette wird durch einige bedeutende Traverstäler durchbrochen, die es den in Tibet oder dem Tibetischen Randgebirge entspringenden Flüssen gestatten, nach Süden zu fließen. Das eindrucksvollste Quertal ist das des Kali Gandaki zwischen Annapurna und Dhaulagiri, dessen Flanken über 500 m je Kilometer Horizontaldistanz aufsteigen. Ähnliche Verhältnisse finden wir im Tal des Arun im östlichen Nepal, und auch das System des Buri Gandaki und das des Karnali durchbrechen die Hauptkette in mehr oder weniger breiten Senken.

Im östlichen Nepal markiert der Kamm der Hauptkette praktisch die Grenze zu Tibet, westlich des Annapurna-Massivs verläuft dieser Kamm zwischen Dhaulagiri, Kanjiroba und Api indessen 50 bis 60 km südlich der Nordgrenze.

Als Siedlungs- und Wirtschaftsgebiet spielt der Himalaya naturgemäß nur eine bescheidene Rolle. Am Südhang liegt die Grenze der Dauersiedlungen in der Regel nicht über 2500 m. Über ihnen findet sich schwer zugänglicher und daher oft noch unberührter Hochwald, der bis maximal 4000 m reicht, und darüber ziehen sich Wildweiden bis zur Schneegrenze hin. Diese liegt, je nach den örtlichen Verhältnissen, zwischen 5200 und 5800 m. Es gibt aber auch ausgesprochene Hochsiedlungsgebiete im sogenannten *Inneren Himalaya* und Sommersiedlungen, etwa in der Gegend des Mt. Everest, am Nordhang des Annapurna-Massivs, im Distrikt Dolpo und im äußersten Nordwesten des Landes, wo die Siedlungsgrenze gelegentlich bei 4400 m liegt. (Kleinert, 1973:120)

Durch den Umstand, daß im Westen des Landes Teile der

Himalaya-Hauptkette südlich der nepalisch-tibetischen Grenze verlaufen, gibt es eine Landschaftsform innerhalb Nepals, die von ihrer ganzen Physiognomie her eher zu Tibet als zu Nepal zu rechnen wäre: die *Nordhimalayische Trockenzone.* Sie erstreckt sich über rund 400 km vom Ganesch Himal und Manaslu nördlich von Annapurna, Dhaulagiri und Kanjiroba bis in die nordwestliche Ecke des Landes, liegt im Regenschatten des Gebirges und trägt streckenweise arktisch-wüstenhaften Charakter. Besonders trocken ist das Klima im nördlichen Teil des Distrikts Mustang, aber auch in Dolpo, Jumla und Humla, wenn man die Niederschläge dort mit denen des dem Monsun ausgesetzten Berglandes vergleicht. Diese Zone ist sehr dünn besiedelt, denn die karge Landschaft liefert nur eine spärliche Wildweide, und die Weidewirtschaft ist traditionell grenzüberschreitend. Nur in den Flußoasen wird etwas Boden bestellt.

Hier wird die Grenze zum Nachbarland durch das Tibetische Randgebirge gebildet, das gleichzeitig die Wasserscheide zwischen dem Tsangpo/Brahmaputra im Norden und dem Ganges im Süden bildet. Das sehr alte Gebirge, das der eurasischen Platte angehört und mithin viel älter als der schroffe Himalaya ist, wirkt entsprechend geschliffen und abgerundet. Seine Gipfel erreichen keine 7000 m mehr. Es ist kaum bewohnt, wird lediglich als Wildweide genutzt und von einigen alten Handelsrouten überquert.

Man wird kaum ein anderes Land finden, das auf einer Horizontaldistanz von wenig mehr als 200 km nahezu alle Landschaftsformen von subtropischen Dschungeln und Bergwäldern über Hochgebirgstundren bis zu Schneebergen und Gebirgswüsten aufweist. Neben dem nordsüdlichen Formenwandel gibt es aber auch einen von West nach Ost vor allem deswegen, weil sich Nepal nicht west-östlich, sondern nordwestlich-südöstlich erstreckt. Deshalb liegt die Südostspitze des Landes nicht weniger als 450 km südlicher als seine Nordwestspitze, obwohl das Land nur 170 bis 200 km breit ist. So wird häufig bestaunt, daß Reisanbau-, Wald- und Siedlungsgrenzen viel höher liegen, als wir es in Europa gewohnt sind.

Dabei übersieht man, daß Nepal zwischen 30° 30′ Nord und 26° 15′ Nord liegt und seine geographische Breite mithin der Libyens entspricht, und daß beispielsweise New Delhi mehr als 50 km nördlicher als der Mt. Everest liegt.

2. Die Gewalt der Flüsse

Neben der ausgeprägten montanen Topographie beeindruckt in Nepal vor allem die Gewalt seiner Flüsse. Namentlich in der Zeit der Monsunregen und der Schneeschmelze vergeht kaum ein Tag, an dem die Presse nicht über Katastrophen in Gestalt von Überschwemmungen im Terai und Erdrutschen im Bergland berichtet, denen Menschen, Pflanzungen und ganze Dörfer zum Opfer fallen. Die hydrologischen Gegebenheiten des Landes lassen demnach wichtige Rückschlüsse auf das Entwicklungspotential zu, wobei der Zusammenhang mit Klima und Bodenbeschaffenheit besonders deutlich wird. Zwar werden hydrologische Daten seit 1960 gesammelt und seit 1965 veröffentlicht, aber die Zahl der Stationen reicht nicht aus, um ein detailliertes hydrographisches Bild des Landes zu zeichnen. Sie genügen aber, um die Hydrographie Nepals zu verstehen. Bestimmend ist dabei die Lage an der Südflanke des Himalaya-Massivs und der Umstand, daß dieses Gebirge den periodischen sommerlichen Monsunregen in voller Breite ausgesetzt ist und in seinen extremen Höhen Wasserreserven in Form von Schnee und Eis trägt. Das Abflußregime wird durch das steile Relief und die fortschreitende Degradierung der Pflanzendecke bestimmt. Bemerkenswert ist schließlich, daß zahlreiche und bedeutende Flüsse ihr Quellgebiet nördlich der Himalaya-Hauptkette haben, diese also nicht durchgehend eine Wasserscheide ist.

Alle Flüsse Nepals sind Nebenflüsse des Ganges, und drei der Flußsysteme entwässern allein drei Viertel des Staatsgebietes: der Karnali im Westen, der Gandaki im Zentrum und der Kosi im Osten des Landes. Neben diesen großen Einzugsgebieten, die in die Schnee- und Gletscherreserven reichen, besitzt das Land weitere Flüsse, die aus dem zentralen Bergland kommen und allein auf Regen- und Quellwasser angewiesen sind. Dazu gehören beispielsweise die Grenzflüsse Mahakali und Mechi und der Bagmati, der an den Hängen des Tals von Kathmandu entspringt. Zu einer dritten Kategorie gehören die Terai-Flüsse. Sie entspringen an den Südhängen der Mahabharat- und Churia-Berge, wie etwa der Babai Nadi im westlichen, der Tinao Khola im zentralen und der Kamla Khola im östlichen Terai. Sie haben zwar für die Bewässerung der Ebene entscheidende Bedeutung, sind aber fast gänzlich auf Regenfälle angewiesen. Daher schwankt ihre Wasserführung sehr stark, und gelegentlich gehören sie sogar zu den periodischen Flüssen. Insgesamt wird der jährliche Abfluß über die Gewässer Nepals auf 200 Mrd. m³ geschätzt.

Daß die Wasserführung generell von den Niederschlägen bestimmt wird, liegt auf der Hand. Mit dem Beginn der Regenzeit Mitte Juni nimmt auch der Abfluß der Gewässer zu und erreicht im Juli oder August sein Maximum, ehe er zwischen September und November, je nach dem Ausklingen des Regens, wieder zurückgeht. Je mehr ein Fluß auf Quell- und Regenwasser angewiesen ist, um so extremer liegen Maximal- und Minimalabflußwerte auseinander. So liefert der Karnali bei seinem Austritt aus dem Bergland ein Maximum von 11 000 m³/s und ein Minimum von 236 m³/s, was einem Verhältnis von 1:47 entspricht. Die entsprechende Relation des Tinao Khola, eines Teraiflusses, der in den Mahabharat-Bergen entspringt, ist 1:1820. Diese wenigen Angaben zeigen, daß während der Hochfluten, die mit einer etwa einmonatigen Verspätung der Zeit der höchsten Regenfälle folgen, auch aus Rinnsalen gefährliche Wildwasser werden können, die Brücken davonreißen, Uferkulturen überschwemmen und Verkehrsverbindungen oft für Wochen unterbrechen können. Besonders im Terai, wo sich die Flüsse rasch ausbreiten und ihr Geschiebe ablagern, wird alljährlich die Vernichtung von Kulturflächen und Dörfern registriert. Die Geschiebeführung praktisch aller nepalischen Flüsse in Form von Schlamm, Sand und Geröll macht den Bau von Wehren, Brücken und Dämmen zu einem technischen Problem. In Zeiten der Hochflut können diese Kunstbauten durch das mitgeführte Geröll zerschlagen, Staureservoire in wenigen Jahren aufgefüllt und damit nutzlos werden. Die Sand- und Geröllmenge, die beispielsweise das Kosi-Flußsystem beim Austritt aus dem Bergland mit sich führt, wurde bereits vor mehr als 30 Jahren mit einem jährlichen Mittel von 118 Millionen m³ angegeben. Bei der fortschreitenden Entwaldung seines Einzugsgebietes darf vermutet werden, daß diese Werte inzwischen wesentlich höher liegen. Die deutliche Verschiebung der breiten, kiesgefüllten Flußbetten im Terai während der letzten hundert Jahre ist vor allem auf die Ablagerung des Geschiebes zurückzuführen und spricht eine beredte Sprache.

Das hydrologische Potential Nepals, das rein rechnerisch auf eine Leistung von mehr als 80 000 MW und auf eine fast unbegrenzte Bewässerungsfläche kommt, muß deshalb mit Vorsicht zur Kenntnis genommen werden. Das Vorhandensein enormer Wassermengen und Kräfte ist *eine* Sache, ihre Zähmung und Nutzung eine andere.

3. Klimatische Kontraste

Auch das Klima Nepals wird entscheidend von seinem Relief bestimmt. Der Himalaya, eine der bedeutendsten Klimascheiden unserer Erde, beeinflußt die Windbewegungen, Niederschläge und Temperaturen. Die Windverhältnisse des Landes durchlaufen einen jährlichen Zyklus, der in engem Zusammenhang mit den Temperaturen und den Regenfällen steht. Nach einem relativ ruhigen Frühjahr bricht im Frühsommer ein aus dem westlichen Indien wehender heißer und trockener Wind ein, der zu einem abrupten Temperaturanstieg im Terai führt. Er wird durch den extrem feuchten Sommermonsun abgelöst, der aus dem Golf von Bengalen weht. Dieser herrscht mit abnehmender Intensität von Ost nach West bis Ende September oder auch länger vor. Während der winterlichen Jahreszeit wehen gelegentlich sehr kalte Winde aus Zentralasien

über dem Himalaya und führen zu plötzlichen Temperatur-
stürzen und Schneefall in den Bergen. Regelmäßig weht in
dieser Zeit der trockene, kalte Wintermonsun aus dem Nordwesten. Die eigentlichen Winterregen werden von spätwinter-
lichen Zyklonen ausgelöst, die von Westen heranziehen und
nach Osten abnehmen. Die Bodengestalt und die Lage Nepals
erklären, warum es zahlreiche örtliche, oft an Tageszeiten ge-
bundene Winde gibt, wie man sie etwa in der Schlucht des
Kali Gandaki zwischen Dhaulagiri und Annapurna beobachten kann.

Eng verknüpft mit diesen Winden sind die Niederschläge.
Das Kernphänomen bildet dabei der Sommermonsun, der
Mitte Juni beginnt und gegen Ende September/Oktober aus-
läuft. Der tropische Sommermonsun, eine der eindrucksvollsten Windbewegungen, führt durch die ungleichmäßige Er-
wärmung von Meer (Indischer Ozean) und Land (kontinenta-
les Asien) beträchtliche feuchte Luftmassen nach Norden, bis
sie der Himalaya zum Aufsteigen und Abregnen zwingt. Hinter der Hauptkette kommt es dann durch den Föhneffekt zu
heißen Fallwinden und einer Austrocknung des Landes. Daher
fallen in Nepal in der genannten Zeit an der Südflanke des
Himalaya 80 bis 90 Prozent der Jahresniederschläge. Räumlich beginnen sie im östlichen Terai und im östlichen Bergland
und setzen sich nach Westen fort. Langjährige Jahresmittel
von 4783 mm wurden in Num vor der östlichen Himalaya-
Hauptkette und von 3848 mm in Pokhara vor dem Annapurnamassiv gemessen. Dem stehen Regenfälle zwischen 900 und
1700 mm im Terai gegenüber. Generell kann man sagen, daß
die Regenfälle in Nepal mit der Höhe der Meßstationen zunehmen und erst in extremen Höhen wieder zurückgehen, da
die Monsun-Wolkengrenze bei 4200 m über dem Meer vermutet wird.

Die starke „Kammerung“ des Landes macht aber eine solche Aussage problematisch. Der Umstand, daß ein Tal oder eine Bergflanke entweder den Monsunwinden ausgesetzt sein
oder aber im Wind- und Regenschatten liegen kann, erklärt,
warum es nicht nur jenseits der Himalaya-Hauptkette, son-

dern auch hinter der Mahabharat-Kette und den zahlreichen Höhenzügen des Berglandes begrenzte Trockenlandschaften geben kann. Besonders eindrucksvoll ist natürlich der Unterschied zwischen dem regenreichen Pokhara mit fast 4000 mm und dem nur 70 km entfernten Jomosom mit nur 248 mm Jahresniederschlag – allerdings erhebt sich zwischen beiden Orten das über 8000 m hohe Annapurnamassiv.

Die Temperaturen und ihr Verlauf stehen in engem Zusammenhang mit verschiedenen geographischen Daten: Höhe über dem Meer, Sonneneinstrahlung und Bewölkung, Niederschläge, heiße und kalte Winde usw. Ihr Maximum erreichen die Temperaturen zwischen Mai und Juni, während sie im Januar und Februar ihren Tiefpunkt durchlaufen. Im Terai liegt das Jahresmittel im Schnitt bei 25 Grad ($°C$), während Extremwerte bei 44 Grad und um den Gefrierpunkt auftreten. In der Mahabharat-Kette bewegen sich die Jahresmittel zwischen 15 und 18 Grad mit Extremen um 35 Grad und dem Gefrierpunkt. Im Bergland erreichen die Mittelwerte des wärmsten Monats 20 bis 29 Grad bei Extremwerten von 37 Grad, die des kältesten Monats 9 bis 13 Grad bei einem Extremwert von −4 Grad. Im Hochgebirge endlich liegen die Jahresmittel nur noch bei 7,5 Grad, während Extremwerte auf 20,6 Grad ansteigen oder auf −9,6 Grad abfallen können.

Das Absinken der mittleren Jahrestemperatur mit steigender Höhe ist augenfällig und entspricht etwa 0,5 Grad je 100 m Höhendifferenz. Die nur für wenige Meßstationen veröffentlichten Daten gestatten es nicht, ein umfassenderes Bild der Temperaturen und Temperaturverläufe zu zeichnen. Außerdem schwanken auch hier die Verhältnisse durch die extreme „Kammerung" des Landes von Ort zu Ort beträchtlich. Im Tal von Kathmandu – um ein Beispiel zu geben – liegen die Monatsmittel im Januar bei etwa 9, im Juli bei etwa 24 Grad. In den letzten Jahren wurden Extremtemperaturen von 34 Grad im Juni und von −2 Grad im Dezember und Januar gemessen.

4. Instabile Böden

Die natürliche Bodenbedeckung – und damit auch das Gedeihen der Kulturpflanzen – hängt neben den klimatischen Verhältnissen von den Böden ab. Diese bilden sich aus dem vorhandenen Muttergestein durch physikalische und chemische
Verwitterung. Der aus alten sedimentären Kalken, Granit und
Gneis aufgebaute Himalaya wird in seinen höchsten Lagen
vor allem durch extreme Temperaturunterschiede physikalisch
verändert, während chemische Prozesse praktisch fehlen. Daher ist die Bodenbildung in größeren Höhen dürftig. Am ehesten noch finden wir Alm- oder Tundraböden, die von ausgedehnten alpinen Wildweiden bedeckt sind.

In den Lagen des Berglandes, wo Temperaturschwankun-
gen, Niederschläge und relative Luftfeuchte ausgeprägter
sind, tritt neben die physikalische auch die chemische Verwitterung, die je nach dem Muttergestein zu lateritischen, sandi-
gen oder kalkigen Böden führt. Diese Verwitterungsböden auf
den Hängen und Kämmen des Berglandes sind außerhalb der
künstlichen Terrassen von geringer Tiefe und je nach Nähr-
stoffgehalt und Klima mehr oder weniger produktiv. Saure,
braune Podsole kommen in größeren Höhen vor, während an
den unteren Hängen, auf den natürlichen Terrassen und den
schmalen Flußauen *(tars)* Roterden geringer Fruchtbarkeit
auftreten. Wo immer Kalkstein vorherrscht, hat die Auslau-
gung des Materials zur Bildung gut entwickelter Böden geführt.

In der Mahabharat-Kette, wo im Gegensatz zur Kalkstein-
zone Granit und Quarzit überwiegen, ist die Bildung guter
Böden begrenzt. Das wird besonders deutlich, wenn man in
die Churia-Berge weiter im Süden geht, wo Sandstein, Ton-
schiefer und Lagen von Kiesen und Geröllen vorherrschen,
die darüber hinaus noch durch beträchtliche Niederschläge
ausgewaschen werden. Hier sind die Böden jung, grob und
haben einen hohen Geschiebegehalt. Ihre Fruchtbarkeit ist gering.

Das gilt auch für die sich nach Süden anschließende *bhabar*-Zone, einen etwa 12 km breiten, hängigen Waldgürtel auf Kies- und Geröllhorizonten, wo die aus dem Gebirge ins Terai austretenden Flüsse beträchtliche Geschiebemengen ablagern. Hier hat sich nur ein dünner, humusreicher, saurer und wasserdurchlässiger Boden gebildet, der zwar einen günstigen Standort für Gehölze bildet, nicht aber zur agrarischen Nutzung geeignet ist.

In dem folgenden mittleren und südlichen Terai haben wir es mit den ausgedehntesten Alluvialebenen Nepals zu tun, aber wenn der Oberboden im mittleren Terai auch 2 bis 3 m mächtig ist, so besteht er doch überwiegend aus Sand, Kies und Ton, ist grau und porös und enthält wenig organisches Material. Über weite Strecken ist er sumpfig und entwickelt toxische Eigenschaften. Zur indischen Grenze hin bestehen die Ablagerungen vor allem aus Schluff und Ton. Der Boden ist alkalisch und hochproduktiv, doch kommt es wegen übermäßiger Bewässerung gelegentlich zu Wasserstau, so daß man in den Sommermonaten stellenweise Nitratausblühungen sehen kann.

Einen besonderen Charakter haben die wenigen großen tektonischen Täler und Becken, allen voran das Kathmandu-Tal, das mit Alluvium über älteren Seeablagerungen gefüllt ist. Wir haben es hier mit ziemlich jungen, fruchtbaren Böden zu tun, die allerdings von einem Kranz aus Kies und Geröll umgeben sind. Aus der Tiefe fördert man einen dunklen Schluffton *(kalimati)*, der reich an Humus und Kalisalzen ist und dem Boden als Dünger beigegeben wird. Andere tektonische Täler, vor allen die von Pokhara, Dang und Surkhet, haben überwiegend sandige, mit Geröll durchsetzte Böden von geringer Fruchtbarkeit und zeigen zum Teil beträchtliche Erosionsmerkmale.

Im Ganzen betrachtet ist Nepal als ein Gebirgsland nicht sehr mit reichen, fruchtbaren Böden gesegnet, aber auch die ausgedehnten Ebenen des Terai können nur zum Teil als günstig eingestuft werden. Da die Böden wo immer möglich genutzt werden, eine Düngung aber nur in wenigen Fällen in

Frage kommt, wird seit einiger Zeit ein Rückgang der natürlichen Bodenfruchtbarkeit festgestellt. Hinzu kommt, daß der junge, instabile Himalaya und seine Vorberge einem immer mehr um sich greifenden Abtragungsprozeß ausgesetzt sind: Die Bodenerosion des Nepal-Himalaya, vor der man noch vor zwanzig Jahren die Augen verschloß, wird heute täglich in der Presse und in Symposien abgehandelt. Mit der fortschreitenden Vernichtung der Vegetation wird der natürliche Schutzwall gegen diesen Prozeß niedergerissen.

5. Vegetation und Tierwelt

Die Vegetation Nepals ist die einer klimatischen Übergangszone und reicht vom tropischen bis zum alpin-arktischen Typ. Darüber hinaus ist der Himalaya Treffpunkt von floristischen Elementen, die aus vier verschiedenen Richtungen einwirken und das Pflanzenkleid des Landes mitgestalten. Die Flora Ost- und Zentralnepals ist eng mit der Chinas und Japans verknüpft, während man in Westnepal Verbindungen zur mediterranen Pflanzenwelt feststellen kann. Die zentralasiatische Flora wirkt von Tibet her auf die Nordabdachung des Himalaya ein, und die der indisch-gangetischen Ebene blieb nicht ohne Einfluß auf die Pflanzenwelt seiner Südhänge. Wir finden also nicht nur einen eindrucksvollen Formenwandel von den feuchtwarmen Tieflagen im Süden zu den trockenen und kalten Höhen des Nordens, sondern auch von Ost nach West, wo zusätzlich unterschiedliche Klima- und Bodenverhältnisse auf den Pflanzenwuchs einwirken. So wächst zum Beispiel der Salbaum *(Shorea robusta)* in Ostnepal, wo bis 3000 mm Regen fallen, bis zu einer Höhe von über 1200 m, während er im trockeneren Westnepal nur um 900 m erreicht. Abgesehen von diesen großräumigen Klimaunterschieden gibt es zahlreiche Übergangszonen, die sich zwangsläufig aus den beträchtlichen Höhenunterschieden auf kurze Distanz ergeben. Die starke „Kammerung" des Reliefs führt zu eindrucksvollen floristischen Unterschieden in ein und demselben Tal je nach Höhe,

Hangneigung und Ausrichtung der Fläche, deren Pflanzenwuchs man untersucht.

Sieht man einmal von diesen kleinräumigen Differenzen ab, so kann man Nepal in fünf große Vegetationszonen gliedern, die von der tropischen Zone im Süden über die subtropische, die gemäßigte und subalpine bis in die alpine Zone im Norden reichen.

Die tropische Zone deckt das Terai, den *bhabar*-Gürtel und das Innere Terai ab. Sie ist der Standort des unteren Monsunwaldes, der bis zu einer Höhe von 1000 m über dem Meer das Bild der Vegetation bestimmt. Unter den zahlreichen laubabwerfenden Bäumen dominiert der Salbaum, der in Gesellschaft mit zahlreichen anderen Bäumen wie Orchideenbaum, Dillenie, Limba und Lagerströmie lebt, die durch Bambus und Rohrarten ergänzt werden. Die Flußterrassen sind der Standort von Katechu-Akazie und Sissoo, während Schirmakazie, Wollbaum und indischer Goldregen als Galeriewälder nahe den Wasserläufen vorkommen. Die Zone kennt eine Fülle von Kräutern und Gestrüpparten, die teilweise sehr schön blühen, darunter Justicie, Butea und die Zäsalpinie. An trokkenen Stellen siedeln sich Kreuzdorngewächse an. Die tropische Zone Ostnepals trägt immergrünen Wald, doch werden von hier bereits gefährdete Spezies gemeldet: Rotang- und Schraubenpalme, Baum- und Palmfarne, Eiben.

Die subtropische Zone umfaßt die Höhenlagen zwischen 1000 und 2100 m zwischen den Churia-Bergen und der Südabdachung der Mahabharat-Kette. Im östlichen und zentralen Nepal bestimmen hier Chilaune- und Scheinkastanienwälder das Bild, die mit Erlen und Eichen, Korallen- und Walnußbäumen, Michelien und verschiedenen Rhododendronarten assoziiert sind. Kamelie, Sennesstrauch und Hartriegel gehören zu den vorherrschenden Gestrüpp- und Unterwuchsvarietäten. Wo immer sich Grasland ausbreitet, wachsen neben Bambusarten Napier- und Zuckergräser.

Im westlichen Nepal wird der Chilaune-Kastanienwald weitgehend durch Nadelwald abgelöst, in dem die langnadelige Emodikiefer *(Pinus roxburghii)* das Vegetationsbild prägt, in dem es relativ wenig Buschwerk und Unterwuchs gibt. Gelegentlich werden Weidenalant- und Amblabaumarten gefunden, und in den feuchten Senken gedeihen Eichen und Rhododendren, zu denen sich Buddleia, Steinbeere und Jasmin gesellen können.

Die gemäßigte Vegetationszone umfaßt die Mahabharat-Kette und das sich nach Norden anschließende Bergland bis zu einer Höhe von 3100 m, wo ein kühles, feuchtes Klima herrscht. Lorbeergewächse und immergrüne Eichen bestimmen zusammen mit gemischten laubabwerfenden und Rhododendronwäldern vor allem die unteren Lagen im östlichen und zentralen Nepal. Hier finden wir Ahorn, Birke und Scheinkastanie, Lorbeerblatt, Ilex und Fieberstrauch, die zusammen mit der Eichenart *khasru (Quercus semicarpifolia)* diese Pflanzengesellschaft bestimmen. In den oberen Lagen dominieren die Fallaubwälder mit Ahorn, Birke, Haselnuß, Magnolie, Spindelbaum und Pappel, zu denen sich die Hemlocktanne und die Eichenart *bani* gesellen. Den Boden decken Kräuter und Büsche wie Berberitze, Ramie, Seidelbast, Mahonie, Beerentraube und Rohrgras, das auftritt, wenn sich der Wald öffnet.

Im westlichen Nepal umfaßt der vorherrschende immergrüne Nadelwald die Himalayazeder, verschiedene Kiefern und Tannen, Zypressen und die Morindafichte. Die Bodenvegetation ist eher ärmlich, doch findet man Berberitze, Waldrebe, Geißblatt und den Spierstrauch. Der assoziierte feuchtgemäßigte Fallaubwald setzt sich neben den schon erwähnten Arten aus Ahorn, Roßkastanie, Walnußbaum, Maulbeerbaum und Ulme zusammen, zu denen Pindrows Tanne und Hemlocktanne treten. Hier in der gemäßigten Zone ist Nepal besonders reich an Baum- und Bodenorchideen.

Unter den subalpinen und alpinen Zonen verstehen wir die Landesteile oberhalb 3100 m, wo das Klima extrem kalt, trocken und windig ist. Sie umfassen das Gebiet nördlich und südlich des Himalayakammes und das Tibetische Randgebirge, soweit es auf nepalischem Staatsgebiet liegt. Wie schon angedeutet wurde, ist hier das Wasser der begrenzende Faktor für den Pflanzenwuchs.

Die subalpine Zone reicht von 3100 m bis zur Baumgrenze. Diese liegt im östlichen Nepal bei 4100 m, im zentralen Teil bei 3800 m und sinkt in Westnepal auf 3650 m ab. In den unteren Lagen bestimmt die Himalayatanne das Bild, die im östlichen und zentralen Nepal mit Hemlocktanne, Wacholder, Rhododendron und Heidekrautgewächsen assoziiert ist. In der Pflanzengesellschaft des westlichen Landesteiles kommen Fichte, Eberesche und Taxus und vor allem Eichen auf den trockenen Südhängen vor, die man weiter östlich kaum findet. Birken- und Rhododendronwälder ziehen sich oberhalb bis nahe an die Baumgrenze hinauf. Gestrüpp- und Kräuterarten, unter denen sich Waldrebe, Steinquitte, Seidelbast, Geißblatt und Primeln befinden, spielen in dieser Zone eine große Rolle.

Die Pflanzenwelt der alpinen Zone ist auf Gestrüpp und bodendeckende Gewächse beschränkt, die oberhalb der Baumgrenze überleben. Wo hinreichend Feuchtigkeit vorhanden ist, sind Rhododendronarten führend, neben denen Wacholder, Geißblatt und Weiden, die oft dichte Teppiche bilden, gedeihen. Einige recht ornamentale Blütenpflanzen wie Anemonen, Rittersporn, Enzian und Steinbrech kommen hier ebenfalls vor. Im zentralen und westlichen Bergland ist die mit Buschrhododendron, Wacholder, Geißblatt und Fingerkraut assoziierte Birke die Hauptpflanze.

Die Täler des Inneren Himalaya sind der Standort trockener alpiner Gestrüppvegetation. Östlich vom Langtangtal bestimmen verschiedene Wacholderarten das Bild, die in den oberen Lagen bei zunehmender Trockenheit durch Meerträubel, Sanddorn und an Bachufern durch Ufertamarisken ersetzt oder ergänzt werden. In den noch wesentlich trockeneren Tälern westlich von Langtang erreicht die Pflanzenhöhe kaum mehr als einen Meter, wobei Erbsenstrauch und Meerträubel am häufigsten vorkommen. Hier finden sich auch Weideflächen, die in der Regenzeit genutzt werden, wo dann auch Sumpfdotterblume, Storchschnabel, Fingerkraut und Primel vorkommen. In der Zone zwischen Himalaya-Hauptkette und Tibetischem Randgebirge, dem trockensten Teil Nepals, erstrecken sich alpine Steppen bis in Höhen über 4500 m. Hier ist die Vegetation auf Seggen und zwei dornige, kissenbilden-de Spezies – den kurzblättrigen Erbsenstrauch und das dorni-ge Geißblatt – beschränkt.

Damit spannt sich der Bogen von einer feucht-tropischen Tieflands- zu einer trocken-alpinen Hochgebirgsvegetation, deren Vertreter man auf einer Distanz von weniger als 200 km finden kann. Besucher Nepals, die sich besonders für die Pflanzenwelt interessieren, sollten das Land im späten Früh-jahr und selbst in der sommerlichen Regenzeit besuchen, wenn die Blüten ihm einen besonderen Reiz verleihen. Sie kommen zwischen Ende März und September gewiß auf ihre Kosten.

Die *Tierwelt* Nepals zeigt eine ähnliche räumliche Struktur wie die Vegetation. Auch hier erweist sich der Himalaya näm-lich als eine Zone des Zusammentreffens von Elementen aus Westchina einerseits und aus dem mediterranen Raum ande-rerseits, während von Süden her gangetische und von Norden paläarktische faunistische Elemente eingebracht werden. Die Vogelwelt Nepals ist wie die der Schmetterlinge sehr reich und vielfältig, und der Naturfreund wird hier stets seine Erwartun-gen erfüllt sehen. Die Großsäuger und die mit ihnen zusam-menlebenden Tiere lassen sich am besten nach ihrem räumli-chen Vorkommen gliedern.

In den Niederungen des Terai und den Vorbergen gibt es, soweit die Umweltbedingungen noch erhalten sind, zahlreiche Großtiere, deren Vorkommen heute allerdings weitgehend auf die Schutzgebiete beschränkt ist, wo man sie dann aber auch beobachten kann. Sie reichen vom indischen Panzernashorn, Königstiger und wilden Elefanten über Wildrinder, Wild-schweine, Faultier und verschiedene Antilopen- und Hirsch-arten bis hin zu Langur-, Blätter- und Rhesusaffen, die sich in den Bäumen tummeln. Fledermäuse und Flugfüchse beleben den nächtlichen Dschungel auf ihre Weise, und Gangesdel-phine und Krokodile bevölkern die großen Himalayaflüsse, nachdem sie das Bergland verlassen haben. Die Vernichtung der ursprünglichen Wälder und weiten Grasflächen zu Sied-lungszwecken engen den Lebensraum dieser Tiere immer weiter ein, und nur die Errichtung von Nationalparks konnte bis jetzt das Überleben einiger Exemplare sichern.

Die Lage in dem dicht besiedelten und weitgehend entwaldeten Bergland ist für das Wild ähnlich schwierig. Dabei ist erstaunlich, bis zu welcher Höhe Großsäuger nicht nur anzutreffen sind, sondern sich auch ernähren können. Im Gebiet des Sagarmatha etwa, wo die Waldgrenze um 3700 m verläuft, lebt der Schneeleopard meist oberhalb von 2700 m und findet dort das Blauschaf, dessen Lebensraum bis auf über 5700 m hinaufreicht, als Beute. Goral und Weißmähnenserau, zwei Steinbockarten, leben zusammen mit Bellhirsch, Wildschwein, Mardern, Affen und dem roten Panda, der Bambushaine bevorzugt, ebenfalls im Gebirge des Landes. Ihr Lebensraum reicht beim Moschustier bis in Höhen von 4300 m, bei der Bergziegenart Nilgiri Tahr bis auf 5000 m und beim tibetischen Schaf sogar bis auf 5300 m. Einige der Tiere, zum Beispiel Yak, Wolf, Fuchs, Schaf und Pfeifhase, sollen in Höhen von über 6000 m, ja von über 6500 m beobachtet worden sein.

Unglücklicherweise hat die Einengung des Lebensraumes, oft auch das rücksichtslose Fangen und Abschießen, einige der Arten wie den wilden Yak, die Hirschziegenantilope und das Zwergschwein in Nepal aussterben lassen, doch wurden inzwischen 23 Tierarten unter Schutz gestellt. Unter ihnen befinden sich das indische Panzernashorn, der wilde Elefant, der rote Panda und der Nashornvogel.

II. Ein Königreich im Wandel

1. Frühe Staatenbildung

Wie in vielen alten Kulturen Asiens bleibt auch der historische Ursprung Nepals und seiner Bevölkerung in mystisches Dunkel gehüllt. Nur wenige steinerne Zeugen haben die Zeiten überdauert und gestatten Vermutungen über historische Persönlichkeiten, dominierende ethnische Gruppen, Gründung und Verfall staatlicher Gebilde und herausragende kulturelle Leistungen in einer Zeit, die mehr als zweitausend Jahre zurückliegt. Auch für die nepalischen Historiker besteht das Problem fehlender Beweisstücke aus jenen fernen Zeiten. Hinzu kommt, daß der Begriff *Nepal* über Jahrhunderte gleichbedeutend mit dem Tal von Kathmandu war und die außerhalb liegenden Gebiete bestenfalls mit ein paar Randbemerkungen abgetan wurden. Tatsächlich kann man von einem einheitlichen Staat Nepal, wie er sich uns heute darstellt und international anerkannt ist, auch erst seit kaum mehr als zweihundert Jahren sprechen. Damals begann der König von Gorkha, Prithvi Narayan Shah, die vielen kleinen Gebirgsfürstentümer zu unterwerfen, das Tal zu erobern und Kathmandu zu seiner Hauptstadt zu machen. Ebenso wie man Nepal auf das Kathmandu-Tal im weiteren Sinne beschränkte, befassen sich nahezu alle geschichtlichen Studien nur mit solchen Dynastien, die in diesem Tal oder nahebei residierten.

Die erste, einigermaßen belegte Periode Nepals ist – nach allen verfügbaren Studien – die der Herrschaft der Kiranti, die aus dem Osten Nepals kamen und das Tal, in dem später Kathmandu gebaut werden sollte, eroberten. Unter König Yalambar kam es zur Gründung der Kiranti-Dynastie, die etwa vom 7. Jahrhundert vor bis zum 2. Jahrhundert nach Christus dauerte, etwa 30 Könige kannte und räumlich von Tista in

Bhutan bis zum Fluß Trisuli westlich von Kathmandu reichte. In diese Zeit fiel nicht nur die Geburt Siddhattha Gotamas, des Buddha, und die Ausbreitung seiner Lehre auch in die Bergwelt Nepals, das Kiranti-Reich entwickelte sich auch als Vermittler des Handels zwischen Tibet und China im Norden und Indien im Süden. Diese geistigen und materiellen Einflüsse von außen bewirkten die Entwicklung von Kultur und Gesellschaft.

Das Ende der Kiranti-Periode kam mit der indischen Invasion unter König Nimisha, der etwa um 205 die Somabansi-Dynastie im Tal von Kathmandu errichtete, unter der der Buddhismus zurückgedrängt, der Hinduismus neu belebt und das Kastensystem, das praktisch bis heute besteht, in Nepal eingeführt wurde. Während der Zeit des Gupta-Imperiums, das zwischen dem 4. und 6. Jahrhundert die Geschicke Nordindiens bestimmte, war der König von Nepal dem Kaiser Gupta tributpflichtig. Das kann man auf einer Steinsäule nahe Allahabad nachlesen, dem ältesten erhaltenen Dokument, auf dem der Name „Nepal" erscheint.

In der Zeit zwischen etwa 400 und 750 sprechen wir in Nepal von der Lichhavi-Periode, deren Gründer aus der Gegend von Patna in Nordindien kamen. Sie wurde durch die Periode der Thakuri und der frühen Malla (etwa 750 bis 1480), diese wiederum durch die Malla der drei Reiche (1480 bis 1768) und diese endlich durch die Shah-Dynastie der Könige von Gorkha abgelöst. Sie hat seit 1770 den nepalischen Thron inne.

Die verschiedenen Perioden zeichneten sich durch besondere politische und kulturelle Leistungen aus. Unter den Lichhavi- und Thakuri-Königen reichte das Herrschaftsgebiet Nepals zeitweise bis weit nach Tibet hinein und umfaßte beispielsweise die Manasarovar-Seen und den heiligen Berg Kailash. Die im heutigen westlichen Nepal regierenden Malla-Fürsten waren den Lichhavi-Königen tributpflichtig, denen es im übrigen gelang, klare politische Machtverhältnisse nach innen und außen zu schaffen. Durch eheliche Verbindungen nach Indien, Tibet und China wurden die Beziehungen ebenso stabilisiert wie durch die siegreiche Abwehr von militärischen Invasionen, die gelegentlich aus dem Norden und aus dem Süden kamen. Die Sicherung des Transithandels war eine Quelle des Wohlstandes, der sich auch kulturell auswirkte. Der Mahayana-Buddhismus, die Gupta-Schrift, die Sanskrit-Literatur fanden zusammen mit nepalischer Handwerkskunst und Architektur ihren Weg nach Tibet. Erste Münzen wurden geschlagen, die Alphabetisierung und Dichtkunst gefördert, und Pilger aus China, die das Land besuchten, berichteten von der großen religiösen Toleranz allerorten.

Mit dem Niedergang der Macht der Thakuri-Könige und dem Aufstieg der Mallas trat Nepal in eine Periode innerer Konflikte ein. Die Mallas waren vor langer Zeit aus Indien eingewandert, hatten sich als Fürsten westlich des Gandaki und im Einzugsbereich des Karnali etabliert und bewarben sich bereits im Tal von Kathmandu um die Macht. Es war eine Periode lokaler Machtkämpfe, militärischer Invasionen aus dem westlichen Nepal und dem moslemischen Bengalen, die als die „dunkle Zeit" des Landes bezeichnet wird, zumal noch Erdbeben die militärischen Zerstörungen ergänzten. Jedes kleine Städtchen, nahezu jede Talschaft hatte sich unter einem Feudalherren zu einem Fürstentum entwickelt und strebte Selbständigkeit und Unabhängigkeit an. Nepal stand am Rande des Bürgerkrieges. In dieser Zeit erwuchs dem Lande ein Retter in Gestalt von Jayasthiti Malla (1354–1395), der die rebellierenden lokalen Machthaber unterwarf und einen straff organisierten Zentralstaat schuf.

In seiner langen Regierungszeit führte Jayasthiti Malla wieder die strengen Regeln einer Hindugesellschaft ein, die unter dem liberalen tantrischen Buddhismus vernachlässigt worden waren. Die Kastengesellschaft wurde neu gefestigt und auch den Newars, den alten Talbewohnern, auferlegt. Heirats-, Nahrungs-, Berufs- und andere Vorschriften sowie das Prinzip der Unberührbarkeit wurden kodifiziert und durchgesetzt. Gleichzeitig begann eine Zeit sakraler Bautätigkeit, von der auch die buddhistischen heiligen Stätten profitierten. Die Literatur wurde gefördert, Maße und Gewichte neu geordnet, eine Landreform eingeleitet. Nach dem Tod des Königs verwalteten seine drei Söhne das Land gemeinsam, doch unter seinem Enkel Yaksha Malla (1428–1482) fand die Macht der Mallas als Könige Nepals ein Ende: Er teilte das Tal unter seine Söhne auf, und wir treten damit in die Zeit der „Drei Reiche" ein.

Die Aufteilung des kleinen Tals in mehrere Fürstentümer, von denen am Ende die Königreiche von Bhadgaon (Bhaktapur), Pátan (Lalitpur) und Kathmandu (Kantipur) übrigblieben, leitete eine Zeit innerer Kämpfe ein, die zur Schwächung der Zentralmacht führten und das Losbrechen der Feudalstaaten außerhalb des Tals begünstigten. Aber obschon sich diese kleinen Königreiche gegenseitig bekämpften, um sich Gebiete streitig zu machen, und nur vorübergehende Allianzen schlossen, muß die Zeit der Malla-Könige kulturell als ein „Goldenes Zeitalter" betrachtet werden. Die Herrscher wetteiferten in der Ausgestaltung ihrer Hauptstädte durch Tempel, Sakral- und Profanbauten, förderten Handel und Gewerbe, Bewässerung und Landwirtschaft, übten weiterhin religiöse Toleranz und gaben sogar moslemischen Flüchtlingen aus Indien Asyl.

Bereits die frühe Malla-Monarchie hatte sich auf göttliches Recht zurückgeführt, und wir finden hier schon den König als Inkarnation Vishnus dargestellt. Die Mallas integrierten sich weitgehend in die autochthone Newar-Gesellschaft des Tals, in der Hindus und Buddhisten einträchtig miteinander lebten und ihre Riten und Feste gegenseitig achteten, wennschon von einem allgemeinen Niedergang des Buddhismus im Tal berichtet wird.

Politisch indessen brachten die Streitigkeiten unter den Königen des Tals nicht nur das Ende der Zentralmacht, sie bereiteten auch ihren schließlichen Fall vor. Denn sie hatten, trotz persönlicher Tapferkeit, der Streitmacht der Gorkhas nichts Ebenbürtiges entgegenzusetzen, als diese sich 1768 anschickte, das Tal zu erobern.

Wir stehen damit am Vorabend des „modernen" Nepal. Durch die Streitigkeiten der Könige des Tals und die Intrigen ihrer Hintermänner befanden sich ihre Länder und Städte im

Zustand eines allgemeinen Niedergangs. Handel, Volksbildung, Literatur und die Kultur im allgemeinen waren verfallen, Religion und Sitten verkommen – nur das Kunsthandwerk der Newars schien sich durch die Zeiten erhalten zu haben. Das Gebiet Nepals war in fünf Staatengruppen aufgesplittert. Östlich des Tals mit seinen drei Königreichen lagen die Kiranti-Staaten der Rai und der Limbu, und westlich davon die Chaubise- und Baise-Staaten. Jeder von ihnen setzte sich wiederum aus vielen kleinen Fürstentümern zusammen, deren Machthaber nicht müde wurden, sich gegenseitig zu bekämpfen und gegeneinander zu intrigieren. Damit bot sich das Tal und das Land als Beute für eine aufstrebende und ehrgeizige Dynastie geradezu an. Es waren die Könige von Gorkha, auch als die Shah-Dynastie bekannt, deren Stunde gekommen war.

2. Die Herrschaft der Shah-Dynastie

Der Ursprung der Shah-Dynastie liegt bei den Rajputenprinzen von Nordwestindien, deren einer, Bhupal Ranaji Rao, 1495 vor den Moslems nach Norden auswich und in den Raum von Palpa in Nepal kam. Unter seinen Nachkommen dehnte sich ihr Herrschaftsbereich zwischen den Flüssen Trisuli im Osten und Kali Gandaki im Westen aus. Als Herrscher über einen bedeutenden Himalayastaat wurde Kulamandan vom Kaiser in Delhi der Titel „Shah" verliehen, der seitdem von der Familie geführt wird. Unter Drabya Shah fiel endlich Gorkha, und er etablierte sich 1559 dort als König. Die Shahs hatten sich im Laufe der Zeit einen gefestigten Staat aufgebaut, in dem sie zahlreiche Reformen auf dem Gebiet des Kreditwesens, der Wassernutzung, der Maße und Gewichte usw. einführten und der wegen seiner unbestechlichen Justiz weithin gerühmt wurde.

Der Wunsch, den Malla-Königen ebenbürtige Herrscher zu werden, ja sie gegebenenfalls zu entthronen, trieb die Shah-Könige an, die Fürstentümer im westlichen Nepal nach und nach zu unterwerfen, was aber nicht nachhaltig gelang und immer neuer Machtbeweise bedurfte. Unter Prithvi Narayan Shah (1723–1775) endlich, der politisch klug und militärisch zielstrebig vorging, gelang es der Gorkha-Dynastie, ihre Rivalen im Westen stillzuhalten, das Tal von Kathmandu zunächst einzukreisen und 1769 endgültig zu erobern. Ein Jahr später wurde Kathmandu zur Hauptstadt und zur Königsresidenz eines vereinigten Nepal erklärt.

Seine Nachfolger waren Jahrzehnte damit beschäftigt, die verschiedenen Fürstentümer botmäßig zu halten und die Grenzen des Reiches weiter hinauszuschieben. Unter König Rana Bahadur Shah (1777–1799), der als Kleinkind die Thronfolge antrat, erreichte Nepal die größte Ausdehnung seiner Geschichte. Bahadur Shah, der Onkel und Regent des Königs, stieß nach Tibet vor, erreichte im Osten Bhutan und im Westen die Grenze von Kashmir und verdreifachte auf diese Weise das Staatsgebiet, das ihm Prithvi Narayan hinterlassen hatte. Diese imperialistischen Gelüste hatten einen nepalisch-tibetischen Krieg (1787–1793) und kriegerische Auseinandersetzungen mit den Briten zur Folge, die mit dem Vertrag von Sagauli (1816) das Ende des Gorkha-Imperiums brachten. Die Ostgrenze Nepals wurde am Fluß Mechi, seine Westgrenze am Mahakali festgelegt und das ganze Terai ging, zumindest zeitweise, an Britisch-Indien verloren. Damit hatte das Land in etwa die räumliche Gestalt angenommen, in der wir es heute kennen.

3. Die Rana-Zeit

Nun war die Herrschaft der Shah-Dynastie keineswegs so stabil, wie man nach den zielstrebig durchgeführten Eroberungen hätte erwarten können. Im Gegenteil waren Machtkämpfe um die Thronfolge und um die Besetzung einflußreicher Posten mit vertrauenswürdigen Personen an der Tagesordnung und bereiteten wiederum den Boden für eine Persönlichkeit, die sich die Lage zunutzen machen würde. Diese erschien denn auch in Gestalt von Jang Bahadur Rana, der, in die Intrigen des Hofes mit einbezogen, die Gelegenheit nutzte, sich im sogenannten *kot*-Massaker im September 1846 rund vierhundert seiner politischen Gegner zu entledigen. Unmittelbar danach wurde er zum Ministerpräsidenten ernannt, maßte sich wenig später die Regelung der Thronfolge an und führte eine Familienautokratie ein, die unter dem Namen „Rana-Herrschaft" rund ein Jahrhundert dauern sollte.

Im Jahre 1850 reiste Jang Bahadur nach England, wurde von Königin Victoria empfangen und kehrte über Frankreich erfahrener und in gestärkter Position zurück. Sein Wunsch, engere Beziehungen zu Großbritannien herzustellen und gleichzeitig Nepal vor einer Kolonialisierung zu bewahren, wurde erfüllt, als 1857 die Sepoy-Meuterei die britische Position in Indien ernsthaft erschütterte. Jang Bahadur selbst führte achttausend nepalische Soldaten in den Kampf und den Briten zu Hilfe und förderte so entscheidend die Wiederherstellung von deren Macht auf dem Subkontinent. Dafür wurde er nicht nur hoch dekoriert, Nepal erhielt auch einen Teil des westlichen Terai zurück, das es 1816 hatte abtreten müssen. Dieses Geschäft mit dem Blut nepalischer Söldner wurde in Gestalt der Gurkha-Regimenter fortgesetzt, und Tausende von Nepalis ließen im Ersten und Zweiten Weltkrieg und in kolonialen Auseinandersetzungen für Großbritannien ihr Leben. Nach seiner Unabhängigkeit warb auch Indien Gurkha-Soldaten an.

Jang Bahadur Rana gelang es leicht, den von ihm selbst inthronisierten König Surendra Bikram Shah (1847–1881) zu einer ihm willfährigen Marionette zu degradieren. Der König verlieh dem Ministerpräsidenten den Titel eines Maharaja, gab ihm alle nur möglichen politischen Vollmachten und ermöglichte selbst das System erblicher Ministerpräsidenten, das sich die Rana-Familie sicherte. Nun führte Jang Bahadur zwar eine Reihe von Reformen und Neuerungen ein, aber darunter war keine, die nicht der Erhaltung seiner Macht und der Mehrung seines Vermögens gedient hätte. Als er 1877 starb, war er auf Kosten des Gemeinwohls ein reicher Mann geworden und hatte für seine Nachkommen gesorgt. Auch in der Folge regierte die Rana-Familie das Land wie ihre private Domäne zu ihrem eigenen wirtschaftlichen Vorteil. Doch auch ihre Macht war nicht von Dauer. Sie hatte sich zahlenmäßig so vermehrt, daß man sich im Kampf um den Posten des Ministerpräsidenten und andere Pfründe aller Mittel bediente.

Zwar wurde die königliche Familie noch immer machtlos gehalten, aber in Indien hatten sich mehrere oppositionelle Emigrantengruppen gebildet, unter ihnen auch Ranas minderen Ranges, die sich 1950 zum Nepali Congress zusammenfanden und mit eigenen Streitkräften auf ihre Stunde warteten. Diese kam, als König Tribhuvan Bir Bikram Shah am 6. November 1950 in einer dramatischen Flucht, die in New Delhi endete, dem Nepali Congress das Signal gab, die Grenze zu überschreiten. Da sich das Rana-System der Sympathie weder des nepalischen noch des indischen Volkes oder der indischen Regierung erfreute und auch Teile der Armee nicht bereit waren, dem Congress entgegenzutreten, mußte verhandelt werden. Am 18. Februar 1951 kehrte König Tribhuvan nach Kathmandu zurück und beendete die Autokratie der Ranas. Damit trat Nepal in seinen jüngsten historischen Abschnitt ein.

4. Regierungsversuche nach 1951

Nun konnte niemand bei einem Volk, das während seiner überschaubaren Geschichte kaum außerhalb des eigenen Dorfes irgendein Mitspracherecht hatte, oder bei Politikern, die entweder diktatorische Macht besaßen oder aus einer meist illegalen Opposition heraus um die Macht kämpften, erwarten, daß eine bloße königliche Proklamation funktionierende westlich-demokratische Verhältnisse schaffen würde. Zu gegensätzlich waren die Interessen der verschiedenen politischen Gruppen, zu unterschiedlich die Vorstellungen von der politischen Zukunft Nepals. So konnte es nicht ausbleiben, daß der steinige Weg zur konstitutionellen Monarchie zunächst wiederum in ein Chaos mündete, das König Mahendra Bir Bikram Shah, der seinem Vater Tribhuvan nach dessen Tod 1955 auf den Thron gefolgt war, durch autokratische Maßnahmen zu beenden suchte.

Zunächst wurden nacheinander verschiedene Ministerpräsidenten als Vertreter ihrer Parteien mit der Bildung einer Regierung und der Lösung der dringendsten Fragen beauftragt, doch verhinderten Interessenkonflikte und Unruhen einen nachhaltigen Erfolg. Die ersten regelrechten Wahlen, die 1959 stattfanden, brachten eine Regierung hervor, die vor denselben ungelösten Aufgaben stand wie ihre glücklosen Vorgängerinnen.

König Mahendra, der dem Nutzen politischer Parteien für Nepal unter den gegebenen Verhältnissen ohnehin skeptisch gegenüberstand und unzufrieden mit der unbedeutenden Rolle war, die dem Palast in der neuen politischen Machtverteilung zugewiesen wurde, und vielleicht sogar befürchtete, die übermächtige Congress-Partei arbeite auf eine Abschaffung der Monarchie hin, unternahm am 15. Dezember 1960 einen Staatsstreich von oben. Er setzte die Verfassung außer Kraft, löste das Parlament auf, verhaftete die Spitzenpolitiker und übernahm die Staatsführung in eigene Regie. Die vage Begründung war, daß die Parteiinteressen vor dem Wohl des Volkes rangiert hätten, daß die Verwaltung vernachlässigt und die Korruption gefördert worden wäre. Auf diese Weise habe sich die Regierung als unfähig erwiesen, Gesetz und Ordnung aufrechtzuerhalten, habe die politische Atmosphäre des Landes vergiftet und antinationalen Elementen den Weg bereitet. Damit setzte er dem Versuch, Nepal mittels einer Mehrparteiendemokratie zu regieren und zu entwickeln, ein Ende, und das Land trat in die bis heute das politische Leben bestimmende „gelenkte" oder Panchayat-Demokratie ein. Seitdem geht die exekutive, legislative und judikative Gewalt von dem jeweils regierenden Hindukönig aus, der durch „His Majesty's Government" tätig wird. (Krämer, 1981)

König Mahendra gab seinem Volk am 16. Dezember 1962 die vierte Verfassung seit der Beendigung der Rana-Herrschaft, welche, wenn auch mit Revisionen und Durchführungsbestimmungen modifiziert, von seinem Nachfolger König Birendra Bir Bikram Shah (seit 1972) übernommen wurde und bis heute Gültigkeit hat. Er stellte sie 1980 sogar zur Abstimmung, und sie erhielt eine wenn auch knappe Mehrheit. Man darf bei all dem nicht vergessen, daß sich Nepal als eine Hindu-Monarchie versteht, in der der König göttlichen Status hat und alle Gewalt deshalb notwendigerweise von ihm ausgeht. Unter diesen Umständen bedeutet das Panchayat-System wahrscheinlich schon das äußerste Zugeständnis an eine politische Mitwirkung des Volkes.

5. Das Panchayat-System

Die Panchayat-Verfassung garantiert ausdrücklich die gängigen Grundrechte wie Rede-, Religions-, Gewerkschafts- und Vereinsfreiheit, allerdings mit der Einschränkung, daß sie nicht dazu benutzt werden dürfen, politische Macht aufzubauen oder, hinsichtlich der Religionsfreiheit, aktiv zu konvertieren. Das „parteilose Panchayat-System" enthält Elemente aus der „Basisdemokratie", den „Klassenorganisationen" und den „Nationalen Führungssystemen", wie sie in verschiedenen Ländern der Dritten Welt und des sozialistischen Lagers versucht wurden, zusammen mit ursprünglich nepalischen, dem Panchayat ähnlichen Vorstellungen und Erfahrungen.

Der dem Panchayat-System zugrunde liegende Gedanke ist, daß eine in der Mitwirkung unerfahrene Bevölkerung schrittweise an diese verantwortungsvolle Aufgabe herangeführt werden muß, und daß es deshalb sinnvoll ist, wenn sie das auf unterer Ebene – also in der Stadt, im Dorf oder Distrikt, wo sie lebt – lernt. Später trat noch der Entwicklungsgedanke hinzu und die Erkenntnis, daß Entwicklung „unten" beginnen muß und der Mitwirkung der betroffenen Bevölkerung bedarf. Auch hier war es naheliegend, die Verantwortung nicht Parteipolitikern auf hoher Ebene, sondern den

Menschen vor Ort anzuvertrauen. Auch der Gedanke der Dezentralisierung und die Politik der Grundbedürfnisbefriedigung, wie sie in letzter Zeit nachdrücklich vertreten werden, würde im Panchayat-System einen zweckmäßigen politischen Rahmen finden.

Theoretisch hätte also die Zentralregierung schrittweise den größten Teil ihrer Funktionen und Vollmachten auf die unteren Ebenen übertragen müssen, doch hat sie sich samt dem Königshause bis heute keiner entscheidenden Machtposition zugunsten der Panchayats begeben. Die mehr als 4000 Stadt- und Dorf-Panchayats werden unmittelbar von der Bevölkerung gewählt, während die 75 Distrikt-Panchayats von den Dorf- und Stadt-Panchas aus ihrer Mitte gewählt werden. Das Parlament (National-Panchayat) wiederum wird direkt gewählt, was die Position der Verfechter einer Parteiendemokratie schwächen sollte. In der Realität werden die Panchayats im Lande durch allerlei Kontrollorgane davor bewahrt, etwas zu unternehmen, was den Machtinteressen der Zentralregierung und der Monarchie entgegenlaufen könnte. Das gibt allen denen Recht, die das Panchayat-System als Irreführung der Öffentlichkeit empfinden.

6. Eine schwierige Verwaltung

Die Verwaltung Nepals als durchdachtes, funktionierendes System reicht in ihren Anfängen kaum mehr als zweihundert Jahre zurück. Ehe König Prithvi Narayan Shah um 1770 an den Aufbau eines nepalischen Einheitsstaates ging, war das Land in ungezählte mehr oder weniger eigenständige Fürstentümer und kleine Königreiche zersplittert, die auf ihre Weise verwaltet oder richtiger durch die Feudalaristokratie verwertet wurden. Aber auch während der ersten Generationen der Shah-Dynastie konnte man nicht von einer Verwaltung im modernen Sinne sprechen, waren sie doch in erster Linie mit der Ausdehnung ihres Imperiums beschäftigt, ohne in der Lage zu sein, es durch eine effektive Administration zu konsolidieren. Die Übertragung von Rechten und Vollmachten außerhalb des Tals an einige höhere, meist adlige Staatsdiener, die Land anstelle von Gehalt erhielten, war dafür sicher nicht der richtige Weg. Deshalb zerfiel dieses Imperium auch rasch, als es unter den politisch-militärischen Druck Großbritanniens geriet.

Erst mit dem Beginn der Rana-Herrschaft, die ein mehr oder weniger klar abgegrenztes Staatsgebiet vorfand, kann man vom Aufbau einer Verwaltung sprechen. Die Ranas waren – wenn man von dem Wunsch absieht, das verlorene Terai zurückzugewinnen – an einer territorialen Ausdehnung Nepals nicht interessiert. Es lag ihnen vielmehr daran, ihre Herrschaft im Inneren zu festigen und das Land zum Nutzen ihrer Familie zu entwickeln und auszubeuten. Dazu eignete sich eine straffe Verwaltung vor allem deshalb, weil die entscheidenden Posten auch außerhalb des Tals mit Angehörigen der Familie besetzt wurden. Deshalb wurde Nepal in 32 Distrikte eingeteilt, denen jeweils ein *bada hakim* vorstand, der ziemlich unumschränkt herrschen konnte. Im übrigen war die Verwaltung in Kathmandu zentralisiert, und die Staatsdiener mußten ständig ihre Loyalität beweisen.

Nach dem Ende der Rana-Herrschaft und bei dem Versuch, demokratische Verhältnisse einzuführen, standen die ersten Regierungen vor der kaum lösbaren Aufgabe, eine Verwaltung ohne erfahrenes Personal aufzubauen. Eine wachsende Zahl von Parteien und kurzlebige Kabinette waren nicht der Boden, auf dem eine effiziente Verwaltung heranreifen konnte. Aber auch mit der neuerlichen Machtübernahme durch den König und der Einführung des Panchayat-Systems besserten sich die Verhältnisse nicht. Zwar wurde das Land in 14 Zonen und 75 Distrikte neu gegliedert, und es gab von Zeit zu Zeit Kommissionen, die mit ausländischer Beratung Vorschläge zu Verwaltungsreformen ausarbeiteten, aber wesentliche Fortschritte sind bis heute nicht zu melden. Das Ziel einer gleichmäßigen, räumlich ausgewogenen Entwicklung wurde 1973 durch die Errichtung von „Entwicklungsregionen" unterstrichen. Es gibt deren heute fünf. Sie reichen jeweils von der Nord- zur Südgrenze und umfassen daher sowohl Teile des Gebirges, des Berglandes und des Terais. Mehr und mehr werden statistische Tabellen nach Entwicklungsregionen gegliedert.

Obwohl nun praktisch die Angehörigen aller ethnischen und religiösen Gruppen und Klassen bei entsprechender Loyalität aufsteigen können, beklagen Kenner der Verhältnisse die „pathologischen Merkmale" (M. P. Poudyal, 1986: 42 ff.) der Verwaltung. Hartnäckiges Festhalten am Althergebrachten, bürokratische Aufblähung, Selbstbedienung, die Weigerung, Verantwortung zu übernehmen, Vetternwirtschaft und Korruption verzögern eine gesunde Entwicklung und führen vor allem bei der jüngeren, zum Teil gut ausgebildeten Generation zu Frustration. Schlechte Bezahlung, Unsicherheit der Anstellung, die ständige Gefahr, als Sündenbock für die Versäumnisse Höhergestellter geopfert zu werden, und das Fehlen von Führungsqualitäten bei den Entscheidungsträgern lassen die Verwaltung ineffektiv bleiben. Hinzu kommt ein ständiger versteckter Machtkampf zwischen den Sekretariaten der Regierung und dem des Palastes, das eine rationale Verwaltung schon als Bedrohung des politischen Systems fürchtet. Die Presse berichtet freimütig über Korruptionsskandale, aber die dagegen erlassenen Verordnungen bleiben in der Regel totes Papier.

7. Bevölkerung und Sprachen

Im Jahre 1911 wurde die Gesamtbevölkerung mit 5,6 Millionen angegeben und wuchs während der folgenden dreißig Jahre nur geringfügig auf 6,3 Millionen. Erst seit dem Zensus, der Mitte 1961 durchgeführt wurde, kann man mit Zahlen rechnen, die für ein Entwicklungsland hinreichend zuverlässig sind und nun alle zehn Jahre überprüft werden. 1961 hatte Nepal 9,4 Millionen, 1971 11,6 Millionen und 1981 15,0 Millionen Einwohner. Die Interzensusschätzung von 1986 kam auf 17,0 Millionen.

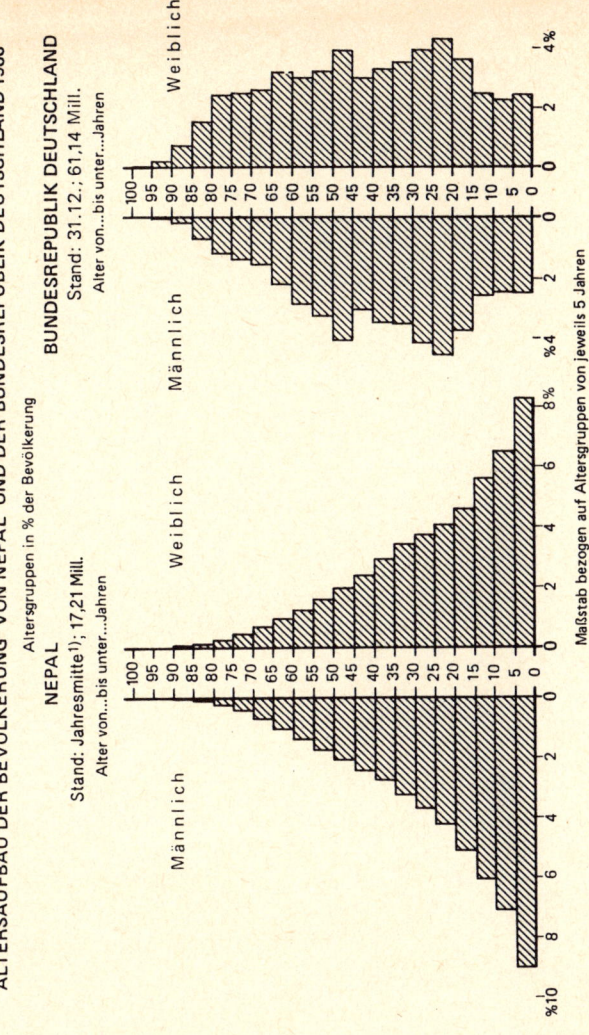

Schaubild 1: Altersaufbau der Bevölkerung von Nepal und der Bundesrepublik Deutschland 1986.

Bereits diese wenigen Zahlen zeigen, daß sich die Bevölkerung des Landes unaufhaltsam vermehrt. Die Gründe dafür sind ein Rückgang der Sterberate innerhalb von zwanzig Jahren um 29 Prozent, während die Geburtenrate im gleichen Zeitraum nur um 11 Prozent sank. So stieg die Lebenserwartung des Neugeborenen von 32 Jahre (1950) auf 47 Jahre (1986). Die jährliche Zuwachsrate der Bevölkerung liegt heute (1980–1986) bei 2,6 Prozent und wird damit in der Region Südasien nur noch von Pakistan übertroffen.

Bemühungen auf dem Gebiet der Familienplanung haben wenig Erfolg gezeitigt. Nach wie vor wird Kinderreichtum angestrebt, und 1976 praktizierten weniger als 4 Prozent der verheirateten Frauen irgendeine Form von Empfängnisverhütung. Zehn Jahre später wurde diese Zahl mit 15 Prozent angegeben, doch dürfte das mehr ein Planziel sein und sich vor allem auf die modern denkenden Ehepaare in der Stadt stützen. Die schlechte Verkehrserschließung des Landes reduziert die Bemühungen um eine Aufklärung und praktische Beratung der Menschen vor allem auf das Kathmandu-Tal und die Gebiete entlang den Fernstraßen.

Damit ergeben sich erschreckende Perspektiven. Die Schätzungen der Weltbank lassen erwarten, daß Nepal eine stationäre Bevölkerung erst mit 63 Millionen erreichen wird. Geburten- und Sterbeziffern werden erst im Jahre 2035 konstant und identisch sein. Es ist ziemlich sicher, daß es zu dieser Riesenbevölkerung nicht kommt; offen bleibt nur, was sie verhindern wird: eine erfolgreiche Familienpolitik oder eine Katastrophe.

Die Altersstruktur in Nepal ist typisch für eine Bevölkerung mit hoher Fruchtbarkeit bei gleichzeitig geringer Lebenserwartung. Der Zensus von 1981 ergab, daß 41 Prozent der Menschen jünger als 15 und mehr als die Hälfte jünger als 20 Jahre waren. Zur Altersgruppe der 15- bis 65-jährigen, die bei uns als „aktiv" bezeichnet wird, gehören in Nepal 56 Prozent, und nur 2,5 Prozent sind älter als 65 Jahre. Vergleichsweise sind in der Bundesrepublik Deutschland 17 Prozent der Bevölkerung jünger als 15 und 23 Prozent jünger als 20 Jahre, während zur Gruppe der „Aktiven" 68 Prozent gehören. Die Zahl derjenigen, die 65 Jahre und älter sind, umfaßt bei uns 15 Prozent.

In Nepal hat sich eine deutliche geographische Verschiebung der Bevölkerung ergeben, die besonders durch die Zurückdrängung der Malaria im Terai ausgelöst wurde. Zwischen 1961 und 1981 sank der Anteil der Bewohner des Gebirges an der Gesamtbevölkerung von 11,2 auf 8,9 Prozent, der der Bewohner des Berglandes von 57,2 auf 43,6 Prozent, während der der Bewohner des Terai von 31,6 auf 47,5 Prozent anstieg.

Diese Veränderung brachte aber keineswegs eine absolute Entlastung des Gebirges oder des Berglandes, sondern verlangsamte nur den wachsenden Bevölkerungsdruck. Während der zwei Jahrzehnte zwischen 1961 und 1981 wuchs die Gesamtbevölkerung Nepals um 59,6, die des Gebirges um 25,8, die des Berglandes um 21,6, die des Terai aber um 140,3 Prozent.

Nun ist die Bevölkerungsdichte selbst innerhalb der geographischen Regionen keineswegs einheitlich oder auch nur annähernd gleich. Es gibt in Nepal Gebiete, die fast menschenleer sind, wozu insbesondere die nordwestlichen Grenzdistrikte Humla, Dolpa, Mustang und Manang gehören, denen ausgesprochen dicht besiedelte gegenüberstehen, wozu vor allem das östliche Terai zwischen den Distrikten Rautahat und Jhapa an der Ostgrenze zählt.

Der Himalaya im allgemeinen und Nepal im besonderen sind für die Menschen eine Zone der Trennung, aber auch der Begegnung und Durchdringung. Hier treffen sich die zentralasiatischen, tibeto-birmanischen, buddhistisch-lamaistischen Völker im Norden mit den südasiatischen, indo-arischen, hinduistischen im Süden. Nepal hat in seiner Geschichte weniger gewaltsame Eroberungen als langsame Überlagerungen einander zunächst fremder Kulturen erlebt. Noch heute ist das nördliche Grenzgebiet von Menschen tibetischer Sprache und Kultur geprägt, während das Terai entlang der Grenze zu Indien sprachlich und kulturell als eine Fortsetzung der Ganges-Ebene erscheint. Das Bergland dazwischen ist die Heimat einer größeren Zahl ethnischer Gruppen, die ihre Wurzeln entweder im Norden oder im Süden haben, aber oft seit vielen Jahrhunderten hier leben.

Für die Geschichte Nepals und seine heutige politische und religiöse Struktur war allerdings das Vordringen indischer Gruppen ins nepalische Mittelland bestimmend, die nicht nur durch Landnahme politische Macht aufrichteten, sondern durch die nachdrückliche Ausbreitung des Hinduismus und des Kastensystems aus dem vormals überwiegend animistisch-buddhistischen Land ein Hindu-Königreich machten. Das Vordringen hinduistischer Adliger mit ihren Anhängern war besonders im 12. und 13. Jahrhundert stark, als Nordindien von den Moslems erobert wurde und sich die Hochkasten-Hindus, Brahmanen und Chhetris, nach Norden in die Berge zurückzogen, wo sie als Mallas und Shahs eine politisch bedeutende Rolle spielen sollten.

Die ethnische Zusammensetzung der nepalischen Bevölkerung ergibt nach dem Zensus von 1981 folgendes Bild: Die beiden größten Gruppen bilden die 522000 Tamang, die vom Kathmandu-Tal und seinem Umland bis an die Nordgrenze siedeln, und die 546000 Tharu, die als „Ureinwohner des Terai" gelten, wo ihre Sprache allerdings durch das in der Nachbarschaft gesprochene Hindi beeinflußt wurde. Die 449000 vorwiegend städtischen Newar, die „Ureinwohner des Kathmandu-Tals", leben in ihrer Mehrheit auch heute noch dort, sind aber ebenfalls über das restliche Land verstreut. Die Kiranti-Völker, zu denen 350000 Rai und Limbu gehören, leben in einem geschlossenen Siedlungsgebiet im östlichen Bergland. Die 213000 Magar, die im zentralen Bergland konzentriert siedeln, haben seit langem engen Kontakt mit den Brahmanen. Das gilt auch für die Gurung, die im gleichen Siedlungsraum leben und heute 74000 Seelen zählen. Magar, Gurung, Rai und Limbu sind die Gruppen, aus denen sich lange die sogenannten Gurkha-Truppen rekrutierten.

Entlang der Nordgrenze leben kleinere Völkerschaften, deren Sprachen eng mit dem Tibetischen verwandt sind, die sich darüber hinaus aber auch nach ihrer Religion und materiellen

Kultur stark an Tibet orientieren. Der lamaistische Buddhismus herrscht vor und besitzt noch bedeutende schamanistische Elemente. Diese Gruppen leben überwiegend an den Handelspfaden nahe den Pässen, die hinüber nach Tibet führen, und hatten oft Handelsprivilegien, die ihnen zu einem bescheidenen Wohlstand verhalfen. Wir finden sie im oberen Tamur-Tal im Osten, an der Südflanke des Sagarmatha-Massivs, in den Distrikten Manang, Mustang, Dolpa und Humla. Die einzelnen Gruppen zählen einige tausend, oft nur einige hundert Menschen. Zusammen kommen sie auf 74 000 und machen damit weniger als 1 Prozent der Gesamtbevölkerung aus. Die bekanntesten unter ihnen sind die Sherpa, deren Hauptsiedlungsgebiet südlich des Sagarmatha (Mt. Everest) liegt. Seit die Chinesen 1959 Tibet militärisch besetzten, gibt es in Nepal eine größere Gruppe von rund 8000 echten Tibetern, die hier als Flüchtlinge leben. Zusammenhängende Siedlungen finden sich heute im Kathmandu-Tal, im Tal von Pokhara, in Ost-Nepal (Chialsa) und in West-Nepal (Dhorpatan). Sie spielen inzwischen auch im Geschäftsleben Kathmandus eine bedeutende Rolle.

Eine ähnliche Situation finden wir im Terai entlang der indischen Grenze, allerdings mit dem Unterschied, daß es sich hier um eine Gruppe handelt, die gegenwärtig fast ein Viertel der Gesamtbevölkerung Nepals umfaßt. Es handelt sich um Völkerschaften, die eine indische Sprache sprechen. Neben örtlichen Dialekten sind es solche Sprachen, die denjenigen jenseits der Grenze entsprechen. Das sind (von Ost nach West) Bengali, Maithili, Bhojpuri, Hindi und Urdu. Durch ständige Zuwanderung nimmt die Gruppe der indische Sprachen Sprechenden zu, doch wird nun mittels obligatorischen Nepali-Unterrichts in den Schulen die offizielle Staatssprache auch hier verbreitet.

Wer spricht eigentlich Nepali als Muttersprache? Jene Volksgruppen und die von ihnen mehr oder weniger zur Hochkaste beförderten Wirtsgruppen, die vor den Moslems in die Berge flüchteten, Brahmanen, Chhetris und Thakuris. Mehr als jede andere Gruppe haben sie eine dominierende

Rolle bei der Entwicklung Nepals zu einem Staat im modernen Sinne gespielt und ihre Sanskritsprache, die zum Nepali wurde, als Nationalsprache durchgesetzt. Sie wird in Devanagari geschrieben, eine Schrift, deren sich auch das Hindi bedient. Nach der Zählung von 1981 sprechen heute 8,8 Millionen oder 58,3 Prozent Nepali als Muttersprache, und keine der in Nepal gesprochenen Sprachen hat eine so weite Verbreitung. Sie deckt praktisch das ganze Bergland ab und fehlt nur im extremen Norden und Süden. Dessenungeachtet verstehen die meisten Staatsbürger diese Sprache, und mit wachsendem Schulunterricht setzt sie sich immer mehr, zumindest als Zweitsprache, durch.

8. Überwindung der Kastengesellschaft?

Nach dem bisher Beschriebenen liegt es auf der Hand, daß man in Nepal nicht von leicht überschaubaren, einheitlich für das ganze Land geltenden sozialen Strukturen sprechen kann. Allein der Umstand, daß noch 1981 nicht weniger als 91% der wirtschaftlich aktiven Bevölkerung von Land-, Forst-, Vieh- und Fischwirtschaft abhingen, zeigt, daß die überwiegende Mehrheit des Volkes bäuerlich-dörflich lebt und in ihren traditionellen Strukturen verwurzelt ist. Für praktisch alle sozialen und ethnischen Gruppen galt und gilt weitgehend noch die Großfamilie als sozialer Lebensraum, in dem mehrere Generationen zusammenleben und ihre materielle Lebensgrundlage erwirtschaften. In der ländlichen Gesellschaft und weitgehend auch im städtischen Raum ist das Überleben nur möglich, wenn mehrere, oft sehr kleine Einkommen in einem gemeinsamen Haushalt zusammenfließen. Dieser war aber gleichzeitig der Ort, an dem das heranwachsende Kind traditionell erzogen und in die sozialen Strukturen eingeführt wurde. Auf diese Weise wurden Hierarchien innerhalb und außerhalb der Familie und der dörflichen Gemeinschaft, die Verteilung der Funktionen, die Verhaltensweisen usw. über Jahrhunderte hinweg konserviert.

Erst mit dem Einbruch der „Moderne" kam es zunächst in Einzelfällen und dann immer öfter dazu, daß vor allem junge Männer und später auch junge Frauen wenigstens zeitweise aus der Tradition „ausbrachen". Grund dafür waren vor allem ausländische Einflüsse, die von einem Studium im Ausland, dann aber auch von der Errichtung von Botschaften und Vertretungen der technischen Hilfe in Nepal, von Einrichtungen der formalen Bildung – also Schulen – und nicht zuletzt vom Tourismus herrührten. Äußerlich moderne Erscheinungsformen sollten aber nicht darüber hinwegtäuschen, daß auch diese jungen Männer und Frauen letzten Endes in der Tradition verhaftet sind oder zumindest mit Rücksicht auf ihre Eltern und ihre Familien keinen endgültigen Bruch wagen.

Die sozialen Funktionen und Verhaltensweisen in der Hindugesellschaft sind seit Menschengedenken festgelegt und beginnen sich erst in jüngster Zeit – freilich nur oberflächlich – zu lockern. Die Gesellschaft Nepals ist das Ergebnis des brahmanischen Sozialsystems und seines Verhaltenskodex, die über ein Jahrtausend in wechselnder Stärke von oben durchgesetzt wurden. Zeigte sich bei der Bevölkerung Laxheit in der Beachtung dieser Regeln, wurde der Druck von oben von Zeit zu Zeit stärker. Das geschah, wenn der jeweilige Herrscher ein besonders orthodoxer Hindu war: Jayasthiti Malla (1382–1395), Rama Shah (1606–1633) und Jang Bahadur Rana (1846–1877) ragten hier besonders hervor. Sie unternahmen jeweils erneut den Versuch, die nepalische Gesellschaft sowohl der Hindus wie der Nicht-Hindus in einen grundsätzlich orthodox-hinduistischen Rahmen zu pressen, der für die Hindus verpflichtend war, während er von den anderen Gruppen flexibler gehandhabt wurde. Die Shah-Könige konnten auf diese Weise ihren Einfluß weit über das Bergland ausdehnen, und die Ranas benutzten ihn, um das Leben der Menschen bis ins letzte zu reglementieren und ihre eigene Macht zu festigen.

Das schon unter der Somabansi-Dynastie im 3. Jh. eingeführte Kastensystem kennt vier Untergliederungen: die Priesterkaste (Brahmanen), die Riten und Lehre weitergeben, die

Kaste der Soldaten und Herrscher (Chhetris, Kshatriyas), aus denen sich auch die königliche Familie rekrutiert, die Kaste der Kaufleute, Handwerker und Bauern (Vaishyas) und endlich die der Diener, Kriegsgefangenen u. ä., die niedere manuelle Arbeiten verrichten (Sudras). Hinzu treten die unberührbaren Berufskasten wie Schneider und Musikanten (Damai), Grobschmiede (Kami), Goldschmiede (Sunnar), Töpfer (Kumbhar), Schuhmacher (Sarkhai), Straßenkehrer (Pore) usw., deren Beziehung untereinander aber keineswegs problemlos ist. Nicht-hinduistische Ausländer werden gelegentlich als „unreine, jedoch berührbare Kasten" oder auch als „Alkohol trinkende Kastenlose" eingestuft.

Der Einfluß des hinduistischen Kastenwesens ist noch nicht genügend untersucht und zudem in einem ständigen Wandel begriffen, so daß einzelne Beobachtungen und Erfahrungen nicht in jedem Fall zu Verallgemeinerungen verleiten sollten. Die Nepali selbst enthalten sich gern einer Stellungnahme, zumal das Kastensystem und damit der Status der Unberührbarkeit mit dem neuen Zivilrecht von 1964 abgeschafft wurde. Die rechtliche Beseitigung der Kasten konnte aber keineswegs den Status und die politische und wirtschaftliche Macht der Hochkasten gegenüber dem Rest der Bevölkerung aufheben. Insofern mögen heute die Kasten in Nepal zwar *de jure,* keineswegs aber *de facto* verschwunden sein. Allerdings könnte das Panchayat-System mit fortschreitender allgemeiner Volksbildung und Mobilität der Menschen dazu führen, daß die sozialen Schichten nach und nach durchlässiger werden. Auch dezentralisierte Entwicklungsmaßnahmen, die tüchtige, handwerklich geschickte Menschen brauchen, bieten den unteren Handwerkerkasten eine Chance, auf die Dauer auch außerhalb ihrer Kaste Anerkennung zu finden, ein Prozeß, der allerdings seine Zeit braucht.

Kennzeichnend für den sozio-ökonomischen Status der Nepali ist eine weitverbreitete Armut, die natürlich nicht losgelöst vom Kastensystem betrachtet werden kann. Zunächst besteht eine erhebliche Diskrepanz zwischen Stadt und Land, wenn auch die Urbanisierung in Nepal mit 8 Prozent keinen großen Umfang erreicht hat. Legt man zugrunde, daß 40 Prozent der Menschen unterhalb der absoluten Armutsgrenze und weitere 20 Prozent nur wenig darüber leben, so entfallen von dieser Zahl mehr als 90 Prozent auf den ländlichen Raum. Allerdings steht auch die städtische Armut in engem Zusammenhang mit der ländlichen, denn bei den städtischen Armen handelt es sich überwiegend um Zuwanderer vom Lande, die oft kaum überleben könnten, hätten sie nicht noch immer Kontakte zu ihrem Dorf, das sie im Notfall versorgt.

Die dörfliche Armut hat ihre Wurzeln vor allem in den kleinen und immer weiter schrumpfenden Kulturflächen je Hof, die Hand in Hand gehen mit einer zunehmenden Verschuldung der Kleinbauern gegenüber den Landbesitzern der hohen Kasten. Es ist zudem mehr freie Arbeitskraft vorhanden, als auf der beschränkten Landfläche produktiv eingesetzt werden kann. Hält man sich vor Augen, daß 1961 308 Menschen auf den Quadratkilometer Kulturland kamen und diese Zahl bis 1986 auf 526 stieg, und daß zudem nur etwa 22 Prozent des Staatsgebietes kultivierbar sind, so wird das Problem der Bodenknappheit deutlich. Klein- und Kleinstbesitzer machen dabei 64 Prozent aller Bauernfamilien aus, die zusammen nur 34 Prozent des gesamten Kulturlandes bewirtschaften. Es überrascht nicht, daß fast 31 Prozent dieser Gruppe mit weniger als 1 ha durchweg unbewässerten Landes auskommen müssen.

Am eindrucksvollsten ist es, wenn man einen Gradmesser für die Ungleichheit der Einkommensverteilung findet. Nach einer Erhebung der Nationalen Planungskommission aus dem Jahre 1976/77 mußten sich die ärmsten 40 Prozent der Haushalte in 9 Prozent aller Einkommen teilen, während die reichsten 10 Prozent der Haushalte über 47 Prozent aller Einkommen verfügten. Zwar liegen die letzten Erhebungen auf diesem Gebiet etwa ein Jahrzehnt zurück, aber die Verhältnisse können inzwischen nur schlechter geworden sein.

Landeskenner weisen immer wieder darauf hin, daß eine Anhebung des allgemeinen Lebensstandards vor allem bei den ländlichen Massen nur dann zu erwarten ist, wenn es gelingt, nicht nur die Interessen dieser benachteiligten Gruppen politisch nachdrücklicher zu vertreten, ihnen durch Bildung und Gesundheitsdienste bessere Aufstiegschancen zu geben, die durch eine *de facto* Abschaffung des Kastendenkens gefördert würde – vor allem muß es gelingen, den unbezähmbaren Fortpflanzungswillen zu zügeln. Wenn es nicht möglich ist, den jährlichen Bevölkerungszuwachs von über 2,6 Prozent wesentlich zu reduzieren, bleiben alle Bemühungen um eine soziale Besserstellung der Massen ein hoffnungsloses Unterfangen.

III. Kulte und Kulturen

1. Begegnung der Religionen

Die Lage Nepals auf der Scheide zwischen Süd- und Zentralasien, die bereits im Klima, in der Tier- und Pflanzenwelt und
in der ethnischen Zusammensetzung seiner Bevölkerung deutlich wurde, spiegelt sich auch religiös-kulturell wider. Wenn
sich Nepal auch heute einiges auf seine religiöse Toleranz zugute hält, so kann doch nicht angenommen werden, daß das
immer so war. Das verfassungsmäßig festgelegte Verbot der
Konversion und damit der Missionierung wurde wohl vor allem erlassen, um den Status des Landes als einziges Hindukö-
nigreich der Erde nicht zu gefährden. In der jüngeren Geschichte Nepals sind nämlich durchaus fühlbare Konversionen
hin zum Hinduismus nachzuweisen, die allerdings weniger
glaubensmäßige als sozialwirtschaftliche Gründe haben dürften. So haben sich ursprünglich eindeutig buddhistisch-lamaistische Volksgruppen wie etwa die Thakali im Laufe weniger
Jahrzehnte als Hindus etabliert, weil sie auf diese Weise ihren
Status aufwerten konnten und im Wirtschaftsleben eine größere Chance hatten. (Iijima, 1963: 43–52; v. Fürer-Haimendorf, 1966, 142–144) Hinzu kommt, daß die periodischen
Volkszählungen bei der Frage nach der Religion im Zweifels-
fall eindeutig zugunsten des Hinduismus entscheiden, weil
man von der Muttersprache oder den beachteten Riten aus-
ging. War diese nepalisch bzw. waren sie hinduistisch, wurden
die betreffenden Personen oder Personengruppen ohne weitere Nachprüfung als Hindus registriert.

Aus diesen Gründen haben sich die beiden religiösen
Hauptgruppen in den letzten Zensusperioden eindeutig zugunsten der Hindus und zuungunsten der Buddhisten ver-
schoben. Während nämlich bei der Zählung 1961 noch

87,5 Prozent Hindus und 9,2 Prozent Buddhisten ermittelt wurden, waren die Zahlen beim Zensus von 1981 90 bzw. 5,3 Prozent. Dabei hatten nach der Statistik die Buddhisten nicht nur zahlenmäßig abgenommen, ihr jährlicher Zuwachs war auch, im Gegensatz zu dem der Hindus, zurückgegangen. Kenner der Verhältnisse bezweifeln alle diese Zahlen und vermuten, daß der Anteil der Buddhisten bewußt geringgehalten wird, und die amtlich mitgeteilten Zählmethoden scheinen diese Auffassung zu bestätigen.

Man kann diesen Trend nur im Zusammenhang mit der kulturellen Entwicklung des Landes über die letzten Jahrhunderte verstehen. Wenn bisher auch keine eingehende Geschichte der Religionen in Nepal und ihrer wechselseitigen Beeinflussung geschrieben wurde, so gestatten es doch einige historische Daten, die uns überliefert sind, zusammen mit Vermutungen von großer Wahrscheinlichkeit, ein Bild der religiösen Vergangenheit Nepals zu skizzieren.

Unsere mangelhafte Kenntnis von den frühen Formen menschlichen Zusammenlebens auf dem Gebiet des heutigen Nepal schließt selbstverständlich und besonders das Geistesleben der ersten Bewohner des Himalaya ein. Wir dürfen aber vermuten, daß die Volksgruppen, die das Gebirge vor 3000 Jahren bewohnten, eigene transzendente Vorstellungen in Gestalt von Naturreligionen, Ahnenverehrung und Geisterglauben hatten, sind doch solche auch heute in den kaum zu überschauenden Sitten und Riten der inzwischen als Hindus oder Buddhisten ausgewiesenen Nepalis immer noch zu finden. Es ist ferner anzunehmen, daß der Hinduismus, der sich etwa ab 1500 v. Chr. aus dem Brahmanismus und der von den Ariern mitgebrachten wedischen Religion im nördlichen Indien entwickelte, in der ersten Hälfte des ersten Jahrtausends n. Chr. unter den Gupta-Kaisern zu höchster Blüte kam und sich weit über das heutige Indien bis nach Bali ausdehnte, mit Händlern und Einwanderern auch in die Täler und Siedlungsgebiete des Himalaya vorgedrungen ist. Die Etablierung politischer Beziehungen zwischen den kleinen Königen und Fürsten im Himalaya und den durchweg hinduistischen Herr-

Abb. 2: Zu den großen religiösen Festen kommen Zehntausende von Pilgern sogar aus Indien und Tibet zu den heiligen Stätten Nepals, hier während des Shivaratri nach Pashupatinath.

schern in Indien förderte die Ausbreitung dieser Religion auch in die Gebiete, die heute Nepal umfassen. Ganz besonders wird die Zeit der Somabansi-Dynastie zwischen 200 und 400 als diejenige bezeichnet, in der der Hinduismus samt Kastenwesen besonders an Boden gewann. (N. B. Thapa, 1981: 15) Dabei ist anzumerken, daß innerhalb der umfangreichen Götterwelt des Hinduismus zeitlich und räumlich unterschiedlichen Götterbildern der Vorzug besonderer Verehrung zuteil wurde.

Für Nepal ist Schiwa seit jener Zeit als Schöpfergott von besonderer Bedeutung, und Pashupatinath, der Haupttempel des Landes nahe der Hauptstadt, ist ihm geweiht. Über den Ursprung dieser Kultstätte – er soll auf das 1. Jahrhundert n. Chr. zurückgehen – ist mit Sicherheit nichts bekannt. Zu Anfang des 7. Jahrhunderts, zur Zeit König Amshuwarmans, wird Pashupati als einer Erscheinungsform Schiwas die Rolle einer Patronatsgottheit der nepalischen Herrscher zugesprochen, die sich bis heute zur Funktion einer Staatsgottheit entwickelt hat. Er wird in vielen Dokumenten als Oberherr von Nepal angeredet. (Wiesner, 1977: 209) Sicherlich ist der Tempel ein Kristallisationspunkt früher nepalischer Geschichte. An einem Zufluß des Ganges, dem Bagmati, gelegen, übertrifft er an Heiligkeit alle anderen Hindutempel des Landes, und das Betreten seines Inneren ist bis heute nur Hindus gestattet. Im Jahre 879, unter der Regentschaft des Königs Raghave Deva, wurde an diesem Tempel eine neue Zeitrechnung eingeführt. Sie heißt „Nepal Sambat" (besser: Newar Sambat) und wird von der Gruppe der Newars als ihr Kalender heute noch beachtet. Entsprechend wird auch ein newarisches Neujahr gefeiert. (Vgl. im Anhang „Zeitrechnung")

Nun entstand in demselben Raum, in dem sich der Hinduismus ausbreitete, eine Reformbewegung, der Buddhismus. Der historische Buddha wurde als Siddhattha Gotama im Mai 563 v. Chr. nahe dem Ort Lumbini geboren, der heute nur wenige Kilometer nördlich der indischen Grenze auf nepalischem Staatsgebiet liegt. Sein Vater war Suddhodana Gotama aus dem Stamme der Sakiya, als Chhetri ein Hochkastenhindu

Abb. 3: Das Leben in Nepal wird von ungezählten religiösen Verpflichtungen, Riten und Festen bestimmt, die ihre Wurzeln entweder im Hinduismus (Bild), im tibetischen Buddhismus oder in beiden haben.

und zudem Raja (Präsident) der kleinen Sakiya-Republik mit der Hauptstadt Kapilavatthu, deren Namen bis heute in dem nepalischen Distrikt Kapilvastu im Terai unweit Bhairahawa (heute: Siddharthanagar) weiterlebt. (Schumann, 1988: 16 ff.)

Im Alter von 29 Jahren verließ Siddhattha sein Elternhaus und seine Familie und verbrachte sieben Jahre als Wanderasket auf der Suche nach der Erleuchtung über das Wesen des Daseins und seine Überwindung. Die vier Wahrheiten, die er am Ende verkündete und die sich mit dem Leiden als Folge von Begierde befassen, und der achtpfadige Weg, der zu ihrer Aufhebung führt, war im eigentlichen Sinne keine neue Religion, sondern eher eine atheistische Weltauffassung. Es ist erstaunlich, was aus dieser Lehre, die ganz offensichtlich nur für eine geistige Elite zugeschnitten war, im Laufe der Zeit geworden ist.

Die Persönlichkeit des historischen Buddhas und seine ursprüngliche Lehre traten jedenfalls immer mehr in den Hintergrund, und es vollzog sich ein Wandel von der Philosophie zur Religion, die sich ihrerseits spaltete. Während sich der Hinayana-Buddhismus (kleines Vehikel im Sinne von Hilfsmitteln), der der ursprünglichen Lehre noch am nächsten blieb, in Ceylon und Südostasien durchsetzte und bis heute erhielt, wandte sich der Mahayana-Buddhismus (großes Vehikel) nach Norden und Nordosten und nahm dabei Elemente an, die mit Sicherheit dem historischen Buddha fremd gewesen wären. Mit diesem Buddhismus, der enge Verbindungen zum Hinduismus einging, über Tibet neue lamaistische Aspekte erhielt und durch tantrische Attribute die Form des Vajrayana-Buddhismus (Diamant-Vehikel) annahm, haben wir es in Nepal weitgehend zu tun.

Durch den Tantrismus fanden sich Hinduismus und Buddhismus in Nepal zu einer Art Synkretismus, und wir sehen uns einer unüberschaubaren Fülle göttlicher Erscheinungen, Formen und Riten gegenüber, die anzuerkennen bzw. zu beachten die Nepalis nicht müde werden. In einem solchen komplexen System wird etwa von den Hindus Gotama Buddha mythologisch als 9. Inkarnation Vishnus eingeordnet und verehrt. Das erklärt, warum die meisten heiligen Stätten des Landes von den Angehörigen beider Religionen respektiert, die meisten ihrer jeweiligen Feste gemeinsam gefeiert werden, und warum die Trennung in Hinduismus und Buddhismus von vielen Befragten nicht recht verstanden wird. Die Behandlung der einzelnen Religionen, Götterformen und Riten würde den Rahmen dieses Buches sprengen. Es wird deshalb auf die zahlreiche Spezialliteratur verwiesen.

Historisch wird das erste Auftauchen des Buddhismus in Nepal auf die Zeit der Kiranti-Dynastie verlegt, die bis ins 2. Jahrhundert reicht. Der Buddha selbst ist auf seinen Wanderungen mit Sicherheit nicht in die nepalische Bergwelt gekommen. Eine Ausbreitung aber hat seine Lehre besonders durch das Engagement des indischen Kaisers Ashoka (etwa 272–236 v. Chr.) gefunden, der Lumbini besuchte und dort seinen Besuch in Form einer Steinsäule dokumentierte, die heute noch zu besichtigen ist. Ob er jemals das Bergland Nepals und das Tal von Kathmandu besucht hat, und ob gar die vier heute noch erhaltenen Stupas in der Stadt Pátan (Lalitpur) auf ihn zurückzuführen sind, wie die Legende berichtet, ist sehr zweifelhaft. Überhaupt ist die Datierung des frühen Buddhismus in Nepal schwer, denn die Ursprünge der beiden großen Heiligtümer, die Stupas von Swayambhunath und Bodnath, sind in mystisches Dunkel gehüllt. Sollte, wie angenommen wird, Swayambhunath über 2000 Jahre alt sein, so wäre es das früheste buddhistische Monument in Nepal. Das würde sich mit der Auffassung decken, der Buddhismus sei durch oder auf Betreiben von Kaiser Ashoka um 250 v. Chr. in Nepal eingeführt oder doch wiederbelebt worden.

Demgegenüber ist die riesige Stupaanlage von Bodnath, die auf einer Hochfläche im Nordosten Kathmandus liegt, das religiöse Zentrum der Tibeter in Nepal geworden, nachdem im 8. Jahrhundert die tibetische Form des Buddhismus, eine Mischung aus Tantrismus und Bön-Religion von Norden her Eingang nach Nepal gefunden hatte. Bodnath liegt an einem alten Handelsweg nach Tibet, und wenn seine Errichtung auch auf nepalische Buddhisten zurückgehen mag, so ist es doch seit Jahrhunderten ein tibetisch-buddhistisches Heiligtum und außerhalb Lumbinis der bedeutendste buddhistische Pilgerort in Nepal. Interessanterweise wird er, im Gegensatz zu Swayambhunath, nur von Tibetern und nicht von den buddhistischen Newars verehrt, und so hat er sich in den letzten Jahren immer mehr zum Mittelpunkt der zahlreichen Tibeter entwickelt, die auf ihrer Flucht vor den Chinesen nach Nepal kamen und hier ihre Siedlungen und Teppichmanufakturen errichteten. Die Instandhaltung des Heiligtums wird in der Regel von Lhasa getragen, von wo auch gelegentlich Mittel und religiös-fachlicher Beistand bei Renovierungsarbeiten in Swayambhunath kamen.

Bei der Verbreitung des Buddhismus in Tibet spielte Nepal

in der Regierungszeit König Amshuvarmans (etwa 588–643) eine bedeutende Rolle. Der ehrgeizige tibetische König Songtsen Gampo (etwa 617–649), Gründer Lhasas und Schöpfer eines groß-tibetischen Königreichs, wollte seinem im Geisterglauben befangenen Volk eine höhere Religion schenken. Auch aus politischen Gründen heiratete er zu seinen zahlreichen tibetischen Gattinnen die chinesische Prinzessin Wencheng und die Tochter König Amshuvarmans, Bhitikuti. Beide Frauen waren fromme Buddhistinnen, brachten religiöse Bücher mit nach Lhasa und errichteten die ersten buddhistischen Schreine auf tibetischem Boden. Als „Grüne Tara" (Bhitikuti) und „Weiße Tara" (Wencheng) leben die beiden Prinzessinnen in der Glaubenswelt Tibets fort. Adel und Untertanen blieben jedoch lange passiv und hingen weiter der überlieferten schamanistisch-dämonistischen Bön-Religion an. (Schumann, 1986: 28, 351) Erneute Versuche in dieser Richtung unternahm König Thrisong Detsen (742–798), der berühmte buddhistische Lehrer aus Indien nach Tibet rief – unter ihnen Santaraksita und Padmasambhava. Diesen gelang es weniger, die Bön-Religion auszutilgen, als vielmehr einige ihrer Elemente in den Mahayana-Buddhismus zu integrieren und auf diese Weise sogar die Bön-Priesterschaft für die neue Religion zu gewinnen. In der Folge sollten Tantrismus und Lamaismus auf Nepal zurückwirken.

Wir haben bei der Behandlung der Geschichte und der ethnischen Zusammensetzung der Bevölkerung schon darauf hingewiesen, daß unter den verschiedenen Herrschern Hinduismus und Buddhismus in ihren unterschiedlichen Ausdrucksformen im Wechsel an Bedeutung gewannen oder verloren, wobei allerdings ein deutlich zunehmender Einfluß des Hinduismus zu beobachten ist. Während über lange Zeitspannen beide Religionen friedlich zusammenlebten, wird doch immer wieder von Zeiten der Dominanz der einen über die andere mit Unterdrückung der schwächeren und Vertreibung oder Zwangskonvertierung ihrer Anhänger berichtet. Dennoch geht das Geschichtsverständnis in Nepal davon aus, daß das Zusammenleben der verschiedenen Religionen immer friedlich verlaufen sei. „Sollte dies stimmen," schreibt Wiesner, „so wäre Nepal eine gänzlich singuläre Erscheinung in dieser Welt" (Wiesner, 1977: 32), und man würde den Umstand übersehen, daß der Hinduismus fast immer die Religion der Invasoren, Eroberer und Herrscher war.

Das nahezu problemlose Zusammenleben dieser beiden Religionen heute dürfte daran liegen, daß der nepalische Buddhismus im Laufe der Zeit Formen angenommen hat, die mit der ursprünglichen Lehre nicht mehr viel zu tun haben, daß sich die buddhistische Bevölkerung bereits vor Jahrhunderten in ein Kastensystem hat gliedern lassen und schließlich ein gewisser Synkretismus die Anhänger beider Religionen vereint. So etwa wird der König von den Hindus als eine Inkarnation Vishnus, von den nepalischen Buddhisten als Bodhisattva verehrt. Beeindruckend ist es, allmorgendlich die religiösen Praktiken vor allem der Frauen an den Tempeln und Schreinen zu beobachten oder bei den zahlreichen Festen die ganze Bevölkerung auf den Beinen zu sehen, wobei für den Außenstehenden die einzelnen Glaubensrichtungen kaum zu unterscheiden sind.

Es mag überraschen, nicht nur im Terai, sondern auch in Kathmandu Moscheen zu finden und zu erfahren, daß die Regierung Mittel für Pilgerfahrten nach Mekka zur Verfügung stellt (Majupurias, 1983: 52), denn tatsächlich beträgt die Zahl der Moslems nepalischer Nationalität nur knapp 400 000 oder 2,7 Prozent. Die Erfahrungen, die Nepal mit dem Islam gemacht hat, sind in der Tat eher marginal. Man erinnert sich, daß die islamische Eroberung Nord-Indiens im 13. Jahrhundert einen Zustrom vor allem von Hochkastenhindus in die Berge des Himalaya ausgelöst und somit zu einer verstärkten Hinduisierung Nepals geführt hat. Während aber der Islam im westlichen Himalaya etwa das Tal von Kashmir nachhaltig erobern konnte, blieb sein Vorstoß nach Kathmandu ohne religiöse Folgen. Zwar plünderten und brandschatzten die Truppen des Sultans von Bengalen, Shams ud-Din Ilyas, 1346 die Städte des Tals und zerstörten die Heiligtümer Swayambhunath, Pashupatinath und Bodnath wenigstens teilweise, sie zogen sich aber wohl angesichts der passiven Resistenz der Bevölkerung wieder zurück. Dennoch kann man sagen, daß die kulturelle Selbständigkeit Nepals durch die islamische Eroberung Nord-Indiens gefördert wurde, wo die Zentren des Buddhismus zerstört und der Hinduismus zurückgedrängt wurden (Waldschmidt, 1967: 21). So war das Land auf sich selbst gestellt und wußte seine traditionelle Kultur zu erhalten.

Ein Versuch, die räumliche Verteilung der drei Hauptreligionen in Nepal festzustellen, kommt zu folgendem Ergebnis. Die Konzentration der Moslems im Terai ist offensichtlich und naheliegend, aber es gibt auch kleine moslemische Kolonien im Bergland, z. B. in den Tälern von Kathmandu und Pokhara. Der Anteil der Buddhisten an der Gesamtbevölkerung ist in der nördlichen Gebirgszone und in den Distrikten am höchsten, wo Tamangs, Gurungs, Sherpas und buddhistische Newars stark vertreten sind. Grundsätzlich aber stellen die Hindus in jedem Distrikt die überwältigende Mehrheit, und der erwähnte Mischungs- und Anpassungsprozeß geht überall weiter.

„Die weitverbreitete Bewegung der Brahmanen," schreibt der bedeutende nepalische Ethnologe Dor Bahadur Bista, „hat viele ursprünglich nicht-hinduistische Gruppen auf dem Weg über das brahmanische Ritual beeinflußt. Eine Mehrheit der Magars, sehr viele Gurungs und nahezu alle Sunwars, viele Rais, Limbus, Tharus und Danuwars haben soziale Wertmaßstäbe, Kasteneinstellung, Heiratsprozeduren und dergleichen von den Brahmanen übernommen ... Die wirtschaftliche Vorherrschaft der Brahmanen und Chhetris praktisch im ganzen Land, außer in einigen sehr entlegenen Gebieten oder an Orten, wo die Lebensverhältnisse unzumutbar sind, steht außer Frage. Da wirtschaftlicher Erfolg in einer gänzlich agrarischen Gesellschaft auf Landbesitz und dem Geldverleihen an Bauern beruht, ist eine wirtschaftliche Interdependenz absolut erforderlich. Dies führt dann auch zu gegenseitigem Verstehen und zur Imitation gewisser Gewohnheiten." (Bista, 1967: 169)

2. Sitten und Gebräuche

Es kann nicht überraschen, daß dieser bemerkenswerte religiöse Hintergrund nachdrücklich auf die Erscheinungsformen der geistigen und materiellen Kultur Nepals zurückwirkt. Dabei ist es nicht immer einfach, bestimmte Verhaltensweisen bestimmten religiösen Vorschriften eindeutig zuzuordnen, zumal neben den genannten Großreligionen ungezählte Vorstellungen von Geistern und Dämonen aus früherer Zeit, die auch in Nepal offen als Aberglaube bezeichnet werden, das Verhalten der Menschen mitbestimmen.

Für den Besucher und zeitweiligen Residenten ist es schwer, diese Seite der geistigen Kultur zu begreifen, und viele Fehlschläge und Mißverständnisse sind darauf zurückzuführen, daß der Fremde die Regeln des nepalischen Zusammenlebens nicht kennt, ihm vieles trotz Bemühens verschlossen bleibt und ihm häufig ohnehin jedes Verständnis dafür fehlt.

Das mögen einige Beispiele erläutern, wobei anzumerken ist, daß sich die Beschreibungen und Erklärungen in den einzelnen Reiseführern gelegentlich widersprechen und von nepalischer Seite entweder kein Wert auf eine genaue Interpretation gelegt wird oder selbst dort Unklarheit besteht. „Das war schon immer so", ist eine gängige Erklärung, mit der sich die Betroffenen in der Regel zufrieden geben, während die Neugierde des Fremden unbefriedigt bleibt. Hinzu kommt, daß im Vielvölkerstaat Nepal die Verhaltensweisen von Gruppe zu Gruppe oft variieren, obwohl auch hier gesagt werden kann, daß der Verhaltenskodex des Hinduismus von immer mehr Gruppen adaptiert wird. Es möge hier genügen, grob zwischen den nördlichen, nach Tibet hin orientierten und den südlichen, nach Indien hin orientierten Gruppen zu unterscheiden, die in ihren Verhaltensweisen – etwa bei der Gattenwahl, aber auch hinsichtlich Kleidung, Wohnung und Eßgewohnheiten – grundsätzlich verschieden sind.

Daß der Handschlag dem Nepali im Grunde fremd ist und er stattdessen mit vor der Brust zusammengelegten Händen grüßt, wird der Besucher sehr schnell begreifen, wennschon sich der Handschlag zumindest Fremden gegenüber im Zuge der Verwestlichung immer mehr durchsetzt. Der traditionelle Gruß hat seinen Ursprung sicher in gewissen Berührungstabus, hat aber durchaus seine Vorzüge. Auch daß man das Haus eines Nepali niemals mit Schuhen betritt, ist uns so fremd nicht und darüberhinaus verständlich, wenn man bedenkt, daß sich das Leben in vielen Fällen noch auf dem Fußboden abspielt. Sitzmöbel sind eine relativ junge Einrichtung, und sie ersetzen erst nach und nach die Strohmatten. Aber auch hier machen die verwestlichten Nepalis der gehobenen Schicht bereits Zugeständnisse.

Vollkommen tabu bleibt aber die Küche, zumal die der Hochkasten, die sich ohnehin schwer zugänglich im Dachgeschoß des traditionellen Hauses befindet. Hier bestimmt die Kastengesellschaft mit den Reinheitsgeboten und den Nahrungsverordnungen noch ganz das Bild. Ein praktizierender Hindu wird niemals Speisen annehmen, die vom Angehörigen einer niedrigeren Kaste zubereitet oder auch nur berührt wurden. Der Gast, der hin und wieder das Haus eines Ausländers besucht, was sich aus beruflichen oder gesellschaftlichen Gründen nicht immer vermeiden läßt, gerät in arge Verlegenheit, wenn er Speisen und Getränke angeboten bekommt. Ist der Koch des Fremden ein Brahmane, sind die Bedenken behoben. In vielen Fällen wird aber die Begegnung mit einem Ausländer in dessen oder gar im eigenen Haus und die Berührung seiner Speisen und Getränke Reinigungszeremonien durch den Priester erforderlich machen, die zeit- und kostenaufwendig sind. Deshalb sind gesellschaftliche Begegnungen unter freiem Himmel, etwa im Garten bei einem Getränk aus der Flasche, am wenigsten problematisch. Dies alles gilt natürlich nur bei strenggläubigen Hindus, aber man täusche sich nicht: Auch der sich westlich gebende Nepali, der Whisky trinkt und bei Tische ungeniert zulangt, mag anschließend zum Priester gehen, ohne daß er darüber zu dem Fremden spricht.

Zu diesen Vorschriften treten, wiederum vor allem bei den

Hochkasten, zahlreiche Ernährungstabus, die äußerst kompliziert sind, und vor denen wir oft verständnislos stehen. Daß die Hindus kein Rindfleisch essen, ist allgemein bekannt. Viele von ihnen sind Vegetarier, andere wiederum essen das Fleisch von Schweinen, Schafen, Ziegen und Büffeln. Einige berühren nicht einmal Zwiebeln, Knoblauch und Schnittlauch oder Pilze und Tomaten. Der Genuß von Hühnern und Eiern unterliegt zahlreichen Tabus. Diese und andere Eßvorschriften richten sich häufig nach der Kaste, dem Alter, dem Familienstand, der Jahreszeit und dergleichen.

Neben den Verhaltensweisen und Tabus der Nepalis, die der Fremde zwangsläufig zur Kenntnis nimmt, gibt es unzählige andere, auf die er nur durch Zufall oder niemals stoßen wird. Wer erfährt schon, daß man beim Schlafen nicht mit den Füßen nach Süden liegen soll; daß die Frau niemals den Namen ihres Ehemannes aussprechen, daß man abends nicht den Boden des Hauses fegen, daß man niemals in einem Hause pfeifen darf? Viele dieser Regeln haben mystische Ursprünge, die man nur vermuten kann. Bei Gesellschaften soll man niemals einen leeren Teller auf dem Tisch zurücklassen oder ihn in die Küche tragen, weshalb alle Gäste ihre abgegessenen Teller unter dem Tisch stapeln, wo die Hunde gleich mit dem „Abwasch" beginnen; man wird vermeiden, Geld in einer Summe zu bekommen, die auf eine Null endet; kommen Menschen zusammen, so vermeiden sie, zu dritt zu sein; man wird niemals etwas nur mit der linken Hand, sondern möglichst immer mit beiden Händen zureichen . . .

Besonders heikel sind die Regeln, wenn man verreisen will. Der in Nepal tätige Ausländer wundert sich und ist oft ungehalten wegen der Schwierigkeiten, eine Reisegruppe endlich in Gang zu bringen. Vor zehn Uhr morgens spielt sich in der Regel auch im Felde nichts ab. Dabei ist der Nepali beileibe kein Langschläfer. Zwar ist auch in Kathmandu erst um zehn Uhr Dienstbeginn, aber die Zeit davor benötigt man zum Kochen des Morgenreises und zur Erledigung all dessen, was am Morgen getan werden muß. Und das braucht eben seine Zeit. Für den Reisebeginn wird der Astrologe nach einer glücklichen Zeit befragt, wobei das Arbeitsprogramm des Ausländers keine Rolle spielt, und man soll möglichst nicht an einem neunten Tag oder an einem Dienstag zurückkommen. Ist es unvermeidlich, an einem solchen Tag an den Heimatort zurückzukehren, so hilft sich der gläubige Hindu, indem er eine Nacht bei einem Freund bleibt und erst am zehnten Tag bzw. am Mittwoch zu seiner Familie geht. (Majupurias, 1983: 60–92)

Daß das weibliche Rind – die Kuh als Muttersymbol – tabu ist, dürfte bekannt sein. Im Gegensatz zu vielen indischen Unionsstaaten besteht in Nepal ein striktes Kuhschlachteverbot, was aber, wie zu hören ist, nicht ausschließt, daß man beispielsweise im Terai nutzlose, alte Tiere interniert und sterben läßt; dem steht allerdings die Existenz eines Kuhsanatoriums im Kathmandutal entgegen, wo alte Tiere gepflegt werden. Auch die unbeabsichtigte Tötung einer Kuh, etwa im Straßenverkehr, hat für den Nepali schwere Konsequenzen; aber auch der Ausländer sollte sich vor einem solchen Delikt hüten.

Die religiös-kultischen Verpflichtungen, die jedem Hindu und Buddhisten auferlegt sind, schlagen sich nicht nur in den schon erwähnten täglichen Ritualen *(puja)* nieder, sie haben auch dazu geführt, daß Nepal wahrscheinlich das Land der Erde mit den meisten Festen ist. Vor Eintritt in die Moderne, also zu Ende des Rana-Regimes um 1950, soll es in Nepal alljährlich rund 150 Feiertage gegeben haben; es war also praktisch jeder zweite Tag ein Festtag. Dieser Festekalender wurde damals gründlich durchforstet und heute, etwa während des Mondjahrs 1986/87, sind nur mehr 73 Feiertage anerkannt, von denen allerdings nur dreißig und ein halber offizielle Feiertage sind, bei denen die Regierungsbüros geschlossen bleiben.

Hinzu kommen allerdings Feste, die sich spontan ergeben. So ist es Sitte, daß die Beamten an der Straße zum Flughafen Spalier stehen, wenn der König auf Reisen geht oder zurückkehrt. Die offiziellen Feste, allen voran die Geburtstage des Königs und der Königin, werfen ihre Schatten voraus und sind mit dem betreffenden Tag keineswegs beendet. Festkomitees werden gegründet, Triumphbögen errichtet, Girlanden aufgehängt und allerlei Umzüge, Empfänge und sonstige Veranstaltungen organisiert, so daß alljährlich zusätzlich viele Arbeitsstunden den Festen zum Opfer fallen. Die Presse berichtet tagelang und ausführlich darüber.

Neben den offiziellen Feiertagen politischen, historischen und vor allem auch religiösen Inhalts gibt es nach wie vor Feste, die die Angehörigen der großen Religionen, bestimmter Volksgruppen, Kasten, Organisationen und Familien begehen. Die Verheiratung der Newarmädchen im Alter von 4 bis 6 Jahren mit einem Gott, die Verleihung der „heiligen Schnur" an junge Hochkastenmänner, die Ehrung älterer Familienmitglieder – all das erfordert viel Zeit und bringt oft erhebliche Geldausgaben mit sich, aber der Sitte wird mit aller Inbrunst gefolgt. Eigentlich ist immer Puja, auch wenn man es als Außenstehender nicht merkt. „Viele tägliche kleine Zeremonien", schreibt die ausgezeichnete Nepalkennerin Annemarie Spahr, „sind für uns kaum als Puja erkennbar, so z. B. die Geste, mit der man zuerst einer toten Seele zu essen gibt, ehe man selbst ißt . . . Puja können Sekunden oder Minuten, aber auch mehrere Stunden oder Tage dauern." (Bedenig, 1983: 40)

Im Zuge der unausweichlichen Verwestlichung beginnen vor allem jüngere Nepalis, die im Ausland waren und andere Lebensgewohnheiten kennengelernt haben, am Sinn vieler ihrer Sitten zu zweifeln. Gegen manches Überkommene wehren sie sich öffentlich, sind aber bereit, nützliche Traditionen fortzuführen. Viele der alten Sitten bestehen zwar fort, wandeln sich jedoch und passen sich den neuen Gegebenheiten an. An einigen Grundvorstellungen aber wird man wohl noch lange nicht rütteln. So wird die Geburt eines Knaben besonders begrüßt, und Riten anläßlich der Geburt, der Namensgebung, der ersten Reisfütterung, des ersten Haarschnitts, von Heirat und Tod dürften kaum je an Bedeutung verlieren. Priester und Astrologen, die das Horoskop stellen, werden auch in Zukunft bei den allermeisten Nepali hohe Achtung genießen.

Das Kastenwesen ist offiziell abgeschafft und die Unberührbarkeit aufgehoben, aber die soziale Schichtung wird praktisch immer noch als gottgewollt angesehen. Zudem ist es unschicklich, jemanden nach seiner Kaste zu fragen. Kümmert man sich als Fremder aus einem eurozentrischen Sozialgefühl heraus gerade um die niederen Kasten oder Unberührbaren, so kann man leicht auf Widerstand bei allen anderen stoßen und sogar die Betroffenen verlegen machen. Angehörige von Hochkasten, die sich für die Benachteiligten einsetzen, müssen damit rechnen, geächtet zu werden. (Tüting, 1979: 29) Dennoch: Wie überall in der Welt ist auch in Nepal die Tradition in Bewegung geraten, und man findet immer Gegenbeispiele zu dem hier Beschriebenen.

3. Tempel und Klöster

Das eindrucksvollste Erlebnis der materiellen Kultur Nepals, das auch bei einem Drei-Tage-Touristen im Tal von Kathmandu unvergeßliche Impressionen hinterlassen dürfte, sind die hinduistischen und buddhistischen Sakralbauten zusammen mit den verbliebenen traditionellen Wohnhäusern der Newars. Die herausragende Architektur der Paläste und Pagoden in Nepal, von der bereits chinesische Reisende im 7. Jahrhundert berichteten, fiel den brandschatzenden Muslimen zum Opfer, die in der Mitte des 14. Jahrhunderts das Tal heimsuchten. Die älteste Bausubstanz, die man heute in den Städten des Tals vorfindet und bewundern kann, entstand nahezu ausnahmslos nach 1350. Der kulturelle Wettbewerb zwischen den Mallakönigen, über den schon berichtet wurde, führte dazu, daß die Städte des Tals, allen voran Kathmandu, Pátan und Bhaktapur, aber auch kleinere Orte wie Kirtipur, Chobhar, Pharphing, Panauti und zahlreiche Tempelbezirke außerhalb der Städte wahre Schatzkammern an sakralen, aber auch an profanen Bauten wurden. In den 1960er Jahren, als es kaum Autos und nur einzelne Touristen gab, fühlte man sich in den Zentren dieser Orte buchstäblich in eine versunkene Zeit zurückversetzt.

Abb. 4: Die Newar-Städte im Tal von Kathmandu mit ihren zentralen Tempelplätzen: Hier der Durbar Square von Pátan.

Nun waren die architektonischen Schätze des Tals über die Jahrhunderte hinweg ständig durch Erdbeben bedroht, denn das Land liegt auf einer der bedeutendsten Störzonen der Erde. Hinzu kommt, daß das Baumaterial, dessen sich die Nepalis seit Menschengedenken bedienen, nicht geeignet ist, um Bauwerke für die Ewigkeit zu errichten. Holz und Ziegel sind die Baugrundstoffe, wobei allerdings des teuren Brennholzes wegen nur die Außenfassaden aus gebrannten Ziegeln gebaut und mit luftgetrockneten Lehmsteinen hintermauert werden, aus denen meist auch die Innenmauern bestehen. Als Mörtel und zum Verfugen wurde auch nur Lehm benutzt, zudem wurde unter den Dachziegeln eine isolierende Lehmschicht angebracht. Feuchtigkeit, Fäulnis und Insektenfraß führten zu einem relativ raschen Verfall dieser Bauwerke und verlangten eine periodische Erneuerung der Holzelemente. Die Verfugung mit Lehm förderte zudem den Pflanzenwuchs in den

69

Spalten des Bauwerks, so daß die Wurzeln oft die Mauern sprengten und die Gebäude dem Einsturz nahebrachten. Noch heute findet man Gras, Kräuter, Gestrüpp und selbst kleine Bäume, die aus den Mauerritzen der Häuser oder zwischen den Dachziegeln herauswachsen, und mancher kleine Tempel oder Schrein wird von den Pflanzen förmlich in seine Einzelteile zerlegt.

Das erklärt zum Teil den beklagenswerten Zustand vieler Sakralbauten im Kathmandutal. Die UNESCO, die eine Bestandsaufnahme der Schäden unternahm, veranschlagte eine Summe von 6,4 Millionen US$, um nur die fünf wichtigsten Gebäudekomplexe im Tal während fünf Jahren zu restaurieren. (Sanday, 1982) Auch wenn man sich bei Restaurierungsarbeiten etwa in der Stadt Bhaktapur mit technischer und finanzieller Hilfe aus der Bundesrepublik Deutschland um Dauerhaftigkeit bemüht, bleiben noch immer die Erdbeben, die, wie im Sommer 1988, auch solche Arbeit zerstören können.

Dennoch hat sich Nepal und vor allem das Tal von Kathmandu als Schatzkammer oder Schutzgebiet für jene architektonischen Erscheinungsformen erwiesen, die in Indien nahezu völlig verschwunden sind oder sich stark verändert haben. Denn obschon man sich in Nepal zugute hält, diese oder jene Stilrichtung aus eigenem entwickelt zu haben, sind sich doch Kenner der Materie darin einig, daß man im wesentlichen die Bauformen Indiens übernommen, wenn auch teilweise weiterentwickelt hat. Selbst die in Nepal als eigenständige Leistung gepriesene Pagode, der hölzerne Tempelturm, hat es nach Auffassung von Kennern der indo-nepalischen Kunst bereits im 2. Jahrhundert in großer Zahl in Indien gegeben. Sie sind allerdings alle im Laufe der Zeit Erdbeben und Blitzschlägen zum Opfer gefallen. (Rau, 1969: 263) Während das Bergland Nepals und das Tal von Kathmandu überwiegend Sakralbauten indischen Ursprungs besitzt, findet man in den nördlichen Grenzgebieten und in den Tälern des Hochgebirges tantrisch-lamaistische Kultgebäude tibetischer Herkunft – wobei natürlich zu berücksichtigen ist, daß auch diese mit dem ursprünglich indischen Buddhismus über Nepal nach Tibet gelangten und, oft in reichlich veränderter Form, nach Nepal zurückgekehrt sind.

Die ältesten Kultbauten auf nepalischem Boden sind zweifellos die sogenannten Ashoka-Stupas von Pátan, und wenn es auch sehr zweifelhaft ist, ob man sie wirklich ins dritte vorchristliche Jahrhundert zurückdatieren darf, so ist ihr Alter doch beträchtlich. Der ursprünglich von Indien überkommene Stupa, der aus einer halbkugelförmigen, an der Basis durch Mauerwerk befestigten Erdaufschüttung bestand, an deren Fuß sich Tore in die vier Himmelsrichtungen öffneten, trug an der höchsten Stelle einen gemauerten, quadratischen Behälter *(harmika)*, der wiederum von einem Mast mit drei Schirmen überragt wurde. Der *nepalische Stupa* hat mancherlei Formenwandel erfahren. Der westliche und der südliche Stupa in Pátan besitzen heute einen zusätzlichen, tempelförmigen Aufbau, und die vier Tore sind kleine Kapellen mit Buddhabildern. Es hat sich aber in Nepal eine ganz neue Form entwickelt, deren eindrucksvollste Vertreter die Stupen von Chabahil, Swayambhunath und Bodnath sind. Hier ist der halbkugelförmige Tumulus gemauert und weiß getüncht und wird von einem quadratischen Turm gekrönt, der wiederum von einem dreizehnstufigen, nach oben sich verjüngenden Stufenaufbau mit einem goldenen Schirm an der Spitze überragt wird. Von den Seiten des kastenförmigen Turmes blicken Augenpaare in alle vier Himmelsrichtungen. Der Stupa, ursprünglich als Grabhügel konzipiert, hat in Nepal die Form eines Bauwerks erhalten und sich im Laufe der Jahrhunderte nicht ohne stilistische Veränderungen über das ganze buddhistisch-lamaistische Zentralasien bis hinauf in die Mongolei verbreitet.

Ganz anders vollzog sich die Entwicklung des *nepalischen Shikhara-Tempelturms*. Seine Urform, die sich in der Zeit nach der nordindischen Gupta-Dynastie (4.–6. Jahrhundert) herausgebildet hat, ist ein mächtiger, aus behauenem Stein errichteter und oft mit Ziegelwerk oder Putz abgedeckter Turm mit großen konvexen Seitenflächen, wie er etwa in Khajrao

(Madhya Pradesh) oder besonders reich in Bhuvaneshwar (Orissa) in Indien zu besichtigen ist. Solche reinen, von allen Seiten zugänglichen Shikharatürme sind in Nepal selten. Die besten Beispiele dafür sind etwa der Mahabuddha-Turm in Pátan – interessanterweise ein buddhistischer Shikhara-Turm –, der in einem zu engen Innenhof steht, oder der vom verfallenden Jagat Narayan-Tempelbezirk am Zusammenfluß von Bagmati und Manohara. Die großen Shikhara-Türme sind in Nepal auf den ersten Blick gar nicht als solche zu erkennen, weil hier ihre Besonderheit darin besteht, daß sie mit einer oft mehrgeschossigen Säulenhalle derart ummauert sind, daß der eigentliche Tempelturm nur mehr wie ein Zierrat an der Spitze erscheint. Beispiele sind der mächtige Krishna Mandir auf dem Durbar Square von Pátan, der Vatsala-Tempel im Zentrum von Bhaktapur und die beiden Shikhara-Türme in Kathmandu, die flankierend am Ende des Aufgangs nach Swayambhunath stehen, obschon letztere nur einen bescheidenen Vorbau haben.

Als „typisch nepalisch" wird ein dritter Baustil, die *nepalische Pagode,* betrachtet. Zwar handelt es sich, wie bereits bemerkt, auch hierbei um eine aus Indien stammende Architektur, die dort aber gänzlich verschwunden ist. Da sie sich dagegen in Nepal zu einer einzigartigen Blüte weiterentwickelt und bis heute erhalten hat, ja von hier möglicherweise sogar bis nach China vermittelt wurde, darf man sie wohl so nennen. Das älteste Beispiel, das im Tal noch existiert, ist die Pagode von Changu Narayana, die an einem alten Tempelplatz auf einem Höhenzug nördlich der Stadt Bhaktapur frühestens im 17. Jahrhundert errichtet wurde. Heute ist nicht nur das Tal von derartigen Bauwerken übersät, auch viele hinduistische Städtchen und größere Dörfer des Berglandes haben ihre nepalische Pagode. Im Terai fehlt sie fast völlig. Hier dominiert eine ganz andere Tempelarchitektur. Man denke etwa an den im indo-persischen Mogulstil des 17. Jahrhunderts zwischen 1895 und 1907 errichteten Janaki Mandir in Janakpur.

Der bauliche Kern der nepalischen Pagode ist ein Ziegelturm mit quadratischem, gelegentlich rechteckigem, seltener sechseckigem Grundriß. In ihm befindet sich das Kultbild, meist ein Schiwalingam, das manchmal nach oben oder seitlich abgedeckt ist, während die Pagode in ihrer Gesamtheit bis in die Spitze hinauf leer bleibt. Die in Nepal bis zu fünf Geschossen aufragenden Pagodenetagen sind gänzlich aus Holz gefügt und haben weit ausladende, sich nach oben verjüngende Walm- oder Zeltdächer. Diese sind mit Tonziegeln heimischer Produktion oder mit vergoldetem Kupferblech gedeckt. Alle Holzteile, Säulen, Stützen, Balken und Streben, sind reich mit Schnitzereien und farbiger Bemalung verziert.

Das Bauwerk ist mit zahllosen Abbildungen aus dem vielarmigen hinduistischen Götterpantheon, ihren verschiedenen Manifestationen, erotischen Darstellungen, aber auch Ornamenten in Form von Holzskulpturen oder Bemalung ausgestattet. Dabei tragen die Eckbalken oft furchterregende Fabelwesen, die das Böse abwehren sollen. Fenster und Türen sind aufwendig aus Metall oder Holz gearbeitet, wobei als nepalische Eigenart halbkreisförmige Giebelfelder (Tympanona) über einigen Toren, Türen oder Fenstern angebracht sind; auf ihnen werden gern fliegende Gottheiten dargestellt, die besonders fein in Holz geschnitzt, aus Stein gehauen oder in Metall getrieben wurden. (Rau, 1969: 263–265; Wiesner 1977: 50 ff.; Korn 1979: 66–84; Gerner, 1987: 30–33) Wer die nepalische Pagode zum erstenmal sieht, ist überwältigt und kann nur bedauern, daß man jetzt darangeht, sie aus armiertem Zement aufzuführen.

In diesem Zusammenhang muß schließlich das nepalisch-buddhistische Kloster oder *Vihara* genannt werden, das je nach Form, Funktion und Sprache auch als Bahil, Bahal oder Bahira erscheint. Obwohl im Kathmandu-Tal über vierhundert solcher Gebäude gezählt wurden, sind sie aus zwei Gründen weniger bekannt. Erstens ragen sie nicht, wie die vorgenannten Kultbauten, aus der Masse der städtischen Gebäude heraus, sondern sind oft derart in sie eingefügt, daß man sie erst bei näherem Hinsehen erkennt; zweitens sind sie fast gänzlich ihrer ursprünglichen Funktion entkleidet. In einigen befinden sich heute Volksschulen, andere wurden für Wohnzwecke umgebaut, viele sind zu Ruinen verfallen oder derart von neueren Gebäuden umgeben, daß man sie nicht ohne weiteres sieht. Aber etliche sind auf den Stadtplänen eingetragen und können so gefunden werden.

Das auf einer quadratischen Grundfläche aus Ziegeln und Holz erstellte Gebäude ist nur durch einen einzigen Eingang zu betreten, der in einen weiten Innenhof führt. Direkt gegenüber steht der Buddhaschrein. Erd- und Obergeschoß bestehen, je nach Klostertyp, aus durch Holzsäulen gestützten Hallen, die mit Balkons alle vier Seiten des Innenhofs umlaufen, oder sie enthalten abgeteilte Räume. Das mit Ziegeln gedeckte Dach springt vor und wird durch hölzerne Streben gestützt. In vielen Fällen sind Holzwerk, Türen und Fenster reich geschnitzt. Hier sei auch das nepalische Hindu-Priesterhaus oder *Math* erwähnt und vor allem auf das Pujahari Math in Bhaktapur hingewiesen, das mit deutscher Hilfe gründlich restauriert wurde. (Korn, 1979: 25–47)

Neben Stupa, Shikhara-Turm, Pagode, Vihara und Math, die im Tal von Kathmandu vorherrschen, stoßen wir vor allem in den nördlichen Grenzgebieten auf drei andere Bezeichnungen sakraler Bauwerke. Unter einem *Chaitya* versteht man dort einen kleinen Stupa, der manchmal ein buddhistisches Relikt, meist aber nur mit heiligen Worten beschriebene Papiere oder andere Votivgaben enthält. Sie sind auf den Wegen und in den Dörfern der Gegenden zu finden, wo sich die Bevölkerung überwiegend zum buddhistisch-lamaistischen Ritus bekennt.

Chorten (Tschörten) ist im Grunde der tibetische Name für Chaitya, wobei man allerdings meist an ein größeres Gebilde denkt, bei dem sich die oft hohle Kuppel auf dem Sockel bis zu 5 oder 6 m über den Boden erhebt. Chorten in Dolpo und Mustang entsprechen denen, die inzwischen viele Reisende in Ladakh und Zanskar kennengelernt haben. Im Grunde sind Stupa, Chaitya und Chorten durchaus vergleichbare Bauwerke, die zu den lamaistischen Sakralbauten gehören, nicht begehbar sind, nicht unbedingt einen verehrungswürdigen Inhalt haben müssen, aber in der Regel rituell im Uhrzeigersinn umwandert werden.

Demgegenüber ist die *Gompa* (Gömpa) ein tibetisches Kloster, wie man es in Funktion zwar auch neben dem Stupa von Bodnath im Kathmandu-Tal, vor allem aber in den nördlichen, vom Lamaismus geprägten Grenzbezirken sehen kann. Auch auf dem Weg zum Sagarmatha (Mt. Everest) findet man typische Gompas, die von Mönchen bewohnt werden. Tengpoche, Pangpoche und die Gompas von Namche Bazar, Thami und anderen Orten sind dafür bekannte Beispiele.

Die tibetische Gompa ist das Muster für die Klöster im nördlichen Nepal. Ihr Grundriß orientiert sich an einem Mandala, also jenem Diagramm, das als Meditationshilfe geistige Zusammenhänge versinnbildlichen will. Häufig ist das Kloster von einer kleinen Siedlung umgeben, die sich aus den Häusern der Mönche zusammensetzt. Nehmen wir Tengpoche als Beispiel. Dort gliedert sich der Bau in einen von zweigeschossigen Arkadengängen umgebenen, gepflasterten Vorhof, in dem etwa die rituellen Mani Rimdu-Tänze stattfinden, und ein hoch herausragendes, ebenfalls zweigeschossiges Hauptgebäude mit quadratischem Grundriß. Den Vorhof betritt man durch einen Portikus, in dem die Standbilder der Wächter der vier Himmelsrichtungen stehen, die böse Kräfte von dem Kloster abwenden sollen. Im Erdgeschoß des Hauptgebäudes befindet sich die Versammlungshalle, im ersten Stockwerk die eigentliche Tempelhalle und in einem quadratischen Türmchen darüber die Schatzkammer mit einer Sammlung von Reliquien, Gewändern und Votivgaben. Im Obergeschoß, also im Kloster im engeren Sinne, von wo man aus großen Fenstern den Innenhof überblicken kann, liegen auch noch Räume, die dem Abt vorbehalten sind. Die Hallen sind voll von Götterstatuen, Rollbildern *(thangkas)* und Regalen mit religiösen Schriften, aber sie bieten immer noch genügend Raum, um die dort mit Blas- und Schlaginstrumenten begleiteten Rituale durchzuführen. Leider ist Tengpoche 1989 niedergebrannt.

Das Baumaterial beschränkt sich auf das, was örtlich verfügbar ist: Naturstein, Holz und Lehm. Das bis zu einem Meter dicke Mauerwerk wird in der Regel aus Bruchsteinen mit Lehmverbund hochgezogen, wennschon gelegentlich auch behauene Steine benutzt werden, um Ecken zu verstärken oder als Umrandung für Türen und Fenster zu dienen. Der Lehmverputz hat sich als wetterfest und als gute Unterlage für Wandmalereien erwiesen. Die Dächer werden mit Steinplatten, Holzschindeln, gelegentlich auch mit Blech gedeckt. Der ganze Innenausbau der Gompa erfolgt mit Holz, das äußerst dekorativ bemalt ist. In den nördlichen Grenzgebieten gibt es Familien, die traditionell die Klöster und die zahlreichen Privatkapellen ausmalen, die man beispielsweise in vielen Sherpahäusern findet. (Sestini und Somigli, 1978: 51; Gerner, 1987: 149)

4. Profanbauten in Stadt und Land

Damit wenden wir uns den Profanbauten, in erster Linie den Wohnhäusern zu, wo wiederum das Tal von Kathmandu eine wenn auch rasch zurückgehende Zahl eindrucksvoller Beispiele der Newararchitektur bietet.

Die *Newarstädte* im Tal von Kathmandu, über deren Ursprung und Alter noch wenig Klarheit besteht, haben sich unsymmetrisch entlang alter Handelsstraßen respektive an deren Kreuzungen entwickelt und zeigen eine grundsätzlich sehr ähnliche Anlage. Verhältnismäßig enge Gassen, von denen die breiteren den alten Handelspfaden folgen, treffen sich sternförmig und bilden Plätze, die sich mit Brunnen, Schreinen, Stupen oder Pagoden zu Subzentren entwickelt haben. Die mit Ziegeln gepflasterten Gassen und Plätze wurden von mehrstöckigen Wohnhäusern gesäumt, die, obwohl alle aus Ziegeln, Holz und Dachpfannen errichtet, unterschiedliche Länge und Fassaden hatten. Innenhöfe, wiederum oft mit Schreinen oder Brunnen ausgestattet, boten zusätzlichen Lebensraum für die Familie. In vielen Fällen führten und führen heute noch schmale Gassen in Labyrinthe von Häusergruppen, deren Höfe man oft nur durch überbaute Durchlässe er-

Abb. 5: Die mit ihren Ziegelbauten und kunstvollen Holzschnitzereien einmalige Newar-Architektur im Tal von Kathmandu ist nicht nur in den Königsstädten, sondern auch in größeren, von Newars bewohnten Dörfern zu finden.

reichen kann. Die Stadt wurde in Bezirke *(tole)* eingeteilt, die ihren Namen von dem zentralen Tempel oder von der Berufsgruppe bekamen, die überwiegend vertreten war. Auch heute noch ergibt der Name des Bezirks, zusammen mit einer Hausnummer, die Postanschrift.

Bei der allgemein dichten Bebauung finden die Bewohner hier zusätzlichen Lebensraum, um Märkte abzuhalten, Feste zu feiern, sich zu versammeln, gelegentlich auch Vieh aufzutreiben, die Ernte oder frische Tongefäße zu trocknen oder, wenn hier einer der schönen, in Stein gehauenen Wasserspeier funktioniert, ihren öffentlichen Badeplatz. Über lange Zeit erhielten die Menschen Trinkwasser aus den Brunnen, und das Abwasser wurde über mit Steinplatten gedeckte Dränagegräben entsorgt.

Von der funktionalen Organisation der Städte ist heute nicht mehr viel zu sehen. Die Brunnen sind versiegt und notdürftig durch Wasserleitungen ersetzt, die Kanalisation ist völlig verfallen und außer Funktion, die Innenhöfe werden teilweise als Mülldeponien benutzt. So werden die Städter in der Trockenzeit durch Staub und in der Regenzeit durch Schlamm belästigt, aber sie haben sich den Umständen angepaßt. Erst seit wenigen Jahren versucht man, mit deutscher technischer Hilfe eine Müllabfuhr in der Hauptstadt zu organisieren.

Trotz aller Verfallserscheinungen ist nicht zu übersehen, daß die Newarkultur von Anfang an eine städtische Kultur war und noch immer ist. Das typische Newarhaus verdient, gerade weil es allmählich aus dem Straßenbild Kathmandus verschwindet und durch phantasie- und geschmacklose Hohlziegel- und Betonbauten ersetzt wird, eine Würdigung. Es ist und bleibt ein Ausdruck der materiellen Kultur der Newars.

Dieses Haus, das einst alle Straßen der Altstadt säumte, besteht aus einer Art Fachwerk unter Benutzung des widerstandsfähigen Salholzes, aus gebrannten Ziegeln und Dachpfannen sowie luftgetrockneten Lehmziegeln. Seltener ist es mit Schiefer, Blech oder Stroh gedeckt. Man findet in der Regel drei, seltener zwei oder vier Stockwerke. Jedes von ihnen hat seinen eigenen newarischen Namen und seine Funktion, und dieser Haustyp, zusammen mit den zahllosen Riten, die bei seiner Errichtung durchgeführt werden, unterscheidet die Newars von allen anderen Volksgruppen Nepals.

Das Haus ist gewöhnlich rechteckig, 6 m tief und an der Straßenfront 4–8 m lang. Die Räume sind niedrig, und ein hochgewachsener Mensch kann sich oft kaum darin aufrichten. Familien und Klans bauen ihre Häuser gern um den schon erwähnten Innenhof *(chowk)*, und nur eine einzige, verschließbare Tür führt von der Gasse in den Wohnbereich. Das Balkenwerk, die Tür- und Fensterrahmen und die Holzgitter, die vor allem im zweiten Stock Erkerform erhalten und Glasfenster ersetzen, sind höchst künstlerisch geschnitzt und geben dem Newarhaus sein unvergleichliches Aussehen.

Das Erdgeschoß enthält zur Straße hin den Laden, die Werkstatt oder den Lagerraum; wo Tiere gehalten werden, sind hier auch die Stallungen. Zum Innenhof hin findet sich oft ein überdachter Rundgang oder eine Veranda. Im ersten Stock gibt es mehrere Wohnräume, in die gewöhnlich die Gäste geführt werden. Die Fenster sind einfach und haben geschnitzte Gitter, die den Einblick von außen verwehren. Der zweite Stock ist das eigentliche Wohnreich der Familie. Zahlreiche Räume mit separatem Eingang dienen den verheirateten Paaren der Hausgemeinschaft als Wohn- und Schlafraum, und hier werden auch die privaten Gäste empfangen. Große, zentrale Fenster mit schönen Schnitzereien sind erkerartig vorgebaut und gestatten es, die Straße zu übersehen. Im Dachgeschoß endlich befinden sich Küche und Speiseraum, gesichert vor Fremden, denn strenge Kastenregeln verbieten, wie wir wissen, den Zutritt bestimmter Personengruppen zur Küche und zu den Eßräumen anderer. Das Newarhaus ist arm an technischen Einrichtungen. Die Verbindung zwischen den einzelnen Stockwerken erfolgt mittels schmaler, steiler Stiegen, und selbst in jüngst erbauten Häusern fehlt es an bequemen Treppen.

Wenn man heute auch vermuten kann, daß alle städtischen Häuser an das öffentliche Stromnetz angeschlossen sind, so

Abb. 6: Die „Modernisierung" Kathmandus hat die traditionellen Newar-Häuser durch phantasielose Betonhochbauten abgelöst.

hat längst nicht jedes seine eigene Versorgung mit Leitungs-wasser; in diesem Fall müssen die Frauen zu einer der öffentli-chen Zapfstellen gehen. Noch schlechter sieht es mit der Ent-sorgung aus. Private Toiletten sind in der Altstadt selten, und Senkgruben bleiben die Ausnahme. Einige wenige öffentliche Latrinen stehen zur Verfügung, aber viele Bewohner, allen voran die Kinder, bedienen sich nach wie vor der Straßenrän-der, der Flußufer, ja der Tempelstufen. Vor den großen Festen wird dann zu kollektiven Reinigungsaktionen aufgerufen.

Als Baderaum und Waschküche wird von den Familienmit-gliedern der Innenhof benutzt, oder sie gehen zu den großen öffentlichen Bade- und Waschplätzen. Obwohl es in den Win-termonaten recht kalt wird, sind die Häuser in der Regel nicht heizbar. Wer es sich leisten kann, sitzt um ein Kohlebecken oder ein tragbares Ölöfchen; die große Masse der armen Be-völkerung aber hüllt sich in ihre Schlafdecken oder sucht ei-nen sonnigen Platz. Auch in den ebenfalls nicht heizbaren Re-gierungsgebäuden trägt man in den Wintermonaten, wo der Himmel klar ist, die Schreibtische in die Sonne.

Seit vielen Jahrzehnten kann man von einer „Modernisie-rung" der Altstadt insofern sprechen, als die traditionellen Ne-warhäuser durch gemauerte und grau verputzte Gebäude er-setzt werden. Seit das Zeitalter des armierten Zements mit Enthusiasmus begrüßt wurde, zieht man selbst auf schmalsten Grundstücken vielstöckige Bauwerke hoch. Oft geht den Bau-herren bei ihren ambitiösen Vorhaben das Geld aus, und so machen heute weite Teile der Altstadt den Eindruck von per-manenten Baustellen, was die alte Harmonie der Newarstadt nun restlos vernichtet. Auf diese Weise wird die Bebauung und Besiedelung immer dichter, und die Zahl der Menschen und Fahrzeuge je Hektar erreicht bisher nicht gekannte Größen-ordnungen.

Die Ausdehnung Kathmandus über das Gebiet der traditio-nellen Newarstadt hinaus reicht über ein Jahrhundert zurück. Damals, zur Zeit der Rana-Herrschaft, kamen europäische Stilvorstellungen in Gestalt französischer Paläste und Gärten nach Nepal, und um 1900 begannen die Ranas, die es sich lei-

sten konnten, prächtige Herrenhäuser in großen Gärten au-
ßerhalb der Altstadt zu errichten und sie mit importierten Sta-
tussymbolen wie Kronleuchtern, Konzertflügeln, Portieren,
Ölgemälden, Springbrunnen und dergleichen auszustatten.
Ehe er vor einigen Jahren teilweise abbrannte, galt der Palast
Singha Durbar, jetzt Regierungsgebäude, als größte Privatvilla
Asiens; sein Grundstück entsprach etwa der halben Fläche der
Altstadt. Viele der zahllosen *Ranapaläste* konnten auf die
Dauer nicht erhalten werden. Sie verfielen, und ihre Trümmer
wurden in den 1950er und 1960er Jahren benutzt, um Bunga-
lows zu bauen, die man an die zahlreichen ausländischen
Techniker und Berater vermietet. Viele der alten, berühmten
Ranapaläste sind verschwunden oder als solche kaum noch zu
erkennen. Aber einige, in denen jetzt Regierungsstellen oder
Banken untergebracht sind (Babar Mahal, Kesar Mahal, Singha Mahal, Sital Niwas, Hari Bhawan u. a.), gestatten auch
heute noch, sich ein Bild von vergangener Pracht zu machen.

Inzwischen hat sich die Stadt Kathmandu weit nach Osten
ausgedehnt und zahlreiche frühere Dörfer mit einbezogen.
Die Dichte der Bebauung, das Verkehrschaos und andere
Nachteile haben dazu geführt, daß vor allem internationale
Dienststellen wie die Vereinten Nationen und andere die
Hauptstadt verlassen und sich im benachbarten Pátan ansie-
deln, das grüner und durchlüfteter ist und sich sichtbar als Re-
sidenz für Ausländer entwickelt. Bhaktapur hat demgegenüber
seine Stellung als „echte" Newarstadt weitgehend erhalten,
wenn auch die Ausrichtung auf den Tourismus manches von
dem früheren Charme vernichtet hat. Man kann hier aber
noch am ehesten einen Eindruck davon bekommen, wie es in
den Newarstädten früher ausgesehen hat.

Auch die anderen ethnischen Gruppen Nepals haben unter
Ausnutzung dessen, was ihnen die Umwelt bietet oder von ihnen fordert, ihre eigenen Wohn-, Haus- und Siedlungsstile
entwickelt. So auch der heiße und feuchte Süden Nepals, das
Terai. Bekanntlich war diese Zone lange durch Malaria ver-
seucht und nur von einer angepaßten Volksgruppe, den Tharus, sporadisch bewohnt. Diese Menschen haben es denn auch

Abb. 7: Das Tharu-Haus aus Bambus und Lehm mit Strohdach nahe der indischen Grenze nutzt örtliche Baustoffe und ist dem Klima angepaßt.

verstanden, unter äußerst prekären Umweltbedingungen relativ angenehm zu überleben. Das Tharu-Langhaus aus mit Lehm beworfenem Flechtwerk und auf Holzpfosten ruhenden Strohdächern mit reichlich Querlüftung, Vordächer, Veranden und eigens errichtete Schattendächer als Versammlungsplätze schützen vor der unbarmherzigen Sonneneinstrahlung. Sockel in den Häusern und ihre Lage auf Flächen, die sich über die umliegenden Naßreisfelder erheben, schützen die Menschen vor der Feuchtigkeit, die besonders während des Monsunregens sehr penetrant ist. Lehmreliefs oft mystischen Inhalts schmücken die Wände, und das Innere der Häuser ist durch die aus Lehm geformten Vorratsbehälter, gelegentlich auch durch halbhohe Zwischenwände gegliedert. So erhalten die Ehepaare im Rahmen der Großfamilie ihre Privatsphäre. Die mit Wohngebäuden und Stallungen um einen Hof gruppierten Gehöfte bilden Dorfkerne mit kleinen Plätzen, auf denen das

Gemeinschaftsleben stattfindet. Die von tropischen Obstbäumen oder Bambushainen beschatteten Dörfer, an deren Rand sich Dreschplätze und Suhlen für die Wasserbüffel befinden, sind oft mit Palisaden gegen die wilden Tiere des Dschungels gesichert, der gleich hinter den Feldern beginnt.

Dieses ideale Bild hat sich durch die Erschließung des Terais für Siedlungszwecke, den Bau der Ost-West-Fernstraße und die Nähe Indiens, vor allem aber durch die Massen der Zuwanderer aus den Bergen und aus Indien in den letzten Jahrzehnten fühlbar verändert. Je weiter man nach Osten reist, um so „indischer" wird das Siedlungsbild. Im Raume Biratnagar ist das Langhaus der Tharus verschwunden und durch ein einfaches indisches Lehmhaus ersetzt. Das normale Bauernhaus im Terai, das seinen Einzug vor allem zwischen 1890 und 1930 mit den Indern gehalten hat, ist ein kleiner, einräumiger, rechteckiger Bau aus lehmbeworfenem Flechtwerk, der von einem Walm- oder Satteldach aus Gras oder Stroh gekrönt ist und keine kulturellen Besonderheiten besitzt.

Eine völlig neue Komponente bekam das Siedlungsbild im Terai mit dem massiven Zustrom von Siedlern aus dem bergigen Norden, von Nepalis, die in den 1960er Jahren aus Birma vertrieben wurden, und von Tibetern, die vor den Chinesen aus ihrer Heimat geflohen waren. Sie brachten ihre gewohnten Wohnvorstellungen mit, und wenn es ihnen im Terai auch häufig an den gewohnten Baustoffen gebrach, so versuchten sie doch, mit dem örtlich Verfügbaren etwas zu konstruieren, das sie an ihre Heimat erinnerte.

Die *Städte im Terai,* die meist nahe der indischen Grenze liegen, haben sich in der jüngsten Vergangenheit zu kleinen, aber nicht unbedeutenden Industriestandorten entwickelt. Plätze wie Biratnagar, Janakpur, Birgunj, Bhairahawa oder Nepalganj sind vom Wohnhaus bis zum Hindutempel und zur Moschee vollkommen „indisch". Phantasielose, gelegentlich verputzte oder grellfarbig gestrichene Ziegel- oder Zementbauten säumen die Hauptstraßen, hinter denen der Besucher sogleich zwischen armseligen Hütten im Morast oder Staub versinkt; am Stadtrand liegen Industrieparks, Reparaturwerkstätten und Materiallager, bevor die Stadtlandschaft unmittelbar ins Reisland mit seinen geschlossenen Reisbauerndörfern übergeht.

Das *Haus im Bergland* und im Gebirge muß seine Bewohner vor allem vor den Unbilden der Witterung schützen: starker Regenfall in der Monsunzeit, Schnee in einigen Landesteilen, heftige Winde, hohe Temperaturen im Sommer und oft Frost im Winter.

Sehen wir einmal davon ab, daß es Volksgruppen mit sehr ausgeprägten eigenen Baustilen gibt – etwa die Sherpas, in deren massiven, zweistöckigen, mit Schindeln gedeckten Häusern es Stallungen, Wohnräume mit Kochstelle und häufig sogar eine buddhistische Privatkapelle gibt; oder die Limbus im Osten des Landes, deren große, im Obergeschoß von einer Galerie umlaufenen Behausungen fast an oberbayrische Landhäuser erinnern –, so wird das Bergland durchweg vom sogenannten *Pahari-Haus* bestimmt, ein Name, der auf eben dieses Bergland Bezug nimmt.

Dieses Steinhaus ist in seiner Grundform rechteckig und hat ein Obergeschoß, häufig eine überdachte Veranda, und sein Walm- oder Zeltdach ist mit Stroh oder Ziegeln gedeckt. Das in über 1500 m Höhe auftretende Bergbauernhaus ist ebenfalls rechteckig aus Stein gemauert, und sein flachgeneigtes Dach ist mit Schindeln oder schweren Schieferplatten gedeckt. Zusammen bilden sie im Grunde den Haustyp des Berglandes, den man bis auf 3000 m hinauf findet, wo er vom *Sherpa-Haus* abgelöst wird. Ein anderes Bild zeigt sich, wenn man in die nordhimalayische Trockenzone kommt, die im Regenschatten der großen Gebirgsketten liegt. Hier, wo Niederschläge nur begrenzt fallen, bestimmt das Flachdach das Bild der Siedlungen, die Wände sind unter Umständen aus Stampflehm (Erdbeton) gefertigt, und die Gebäude können mehrere Stockwerke haben.

Auch die Siedlungsformen richten sich nach den räumlichen Verhältnissen. Die im Osten vorherrschenden Streusiedlungen nehmen mit wachsender Höhe an Bebauungsdichte zu, während sich im zentralen und westlichen Nepal die Einzelhäuser zu geschlossenen Dörfern vereinigen. Kompaktsiedlungen, in denen die Häuser zusammengebaut werden und die an eine marokkanische Kasbah erinnern, findet man in den nördlichen Trockengebieten, wo auch Oasenkultur vorherrscht.

Häufig findet man das Sherpahaus, das Newarhaus oder das Thakalihaus auch dort, wo die betreffenden Gruppen außerhalb ihres eigentlichen Stammesgebietes leben.

Auch die soziale Struktur, vor allem die Kastengliederung eines Dorfes, aber auch die Wohlhabenheit einzelner Mitbewohner finden ihren Ausdruck im Erscheinungsbild des Ortes. Palastartige Wohnhäuser reicher Brahmanen, Großgrundbesitzer, Händler und Geldverleiher distanzieren sich deutlich von den einfachen Behausungen der abhängigen Bauern und Handwerker. Unberührbare werden häufig an den Ortsrand verbannt, oder sie müssen sogar außerhalb wohnen.

5. Kunst des Handwerks

Es steht außer Frage, daß in Nepal schon sehr früh Erze gefördert und verhüttet wurden und daß man das so gewonnene Metall zu religiösen Statuetten ebenso wie zu Artikeln des täglichen Bedarfs verarbeitet hat. Wenn auch heute praktisch kein Erzbergbau mehr betrieben wird, so lassen doch die vorhandenen Gegenstände Rückschlüsse auf eine sehr alte Kunstfertigkeit im Umgang mit Metallen zu, eine Kunstfertigkeit, die sich bis heute erhalten hat, wenn neuerdings der Rohstoff auch importiert wird. Kupfer wurde mit anderen Metallen zu Legierungen verarbeitet und diente zum Guß ebenso wie zur Treibarbeit. Die ältesten Statuetten, die man kennt, sind wenigstens 1500 Jahre alt; während der Lichhavi-Periode berichteten chinesische Reisende von der Pracht nicht nur der Paläste, sondern auch der metallenen Götterbilder im Kathmandu-Tal.

Nepal und vor allem das Tal ist heute noch voll von Bronze- und Messinggüssen und in Metall getriebenen Kunstwerken

Abb. 8: Das Sherpa-Haus aus verputztem Bruchstein mit Schindeldach und Glasfenstern im Hochgebirge widerspiegelt nicht nur klimatische Anpassung und örtliche Baustoffe, sondern auch die Wohlhabenheit des Händlers und neuerdings des Bergführers.

wie Statuen, Reliefs, Fenster- und Türumrandungen, Glocken und allerlei Kultgefäßen. Der Versuch, 1944 durch die Gründung eines Unternehmens den Erzbergbau wieder zu beleben, um den heimischen Markt mit Kupfer- und Zinkblech zu versorgen, schlug fehl. Erst in jüngster Zeit hat das Handwerk durch den Touristenstrom und eine gesteigerte Nachfrage nach Andenken wieder einen Aufschwung erfahren. Die Sucht, wertvolle Andenken aus Nepal mitzubringen, hat leider zu einem bedauerlichen Kunstraub geführt, bei dem alle Gesetze umgangen werden und einige Nepalis mitschuldig geworden sind. Während die einfachen, gläubigen Menschen ihren gestohlenen oder enthaupteten Götterbildern aus Metall, Holz oder Stein nachtrauern, machen einige verwestlichte

Nepalis das große Geschäft. (Schick, 1989) Hier sollte der Besucher Zurückhaltung und Achtung vor fremden Kulturen zeigen.

Zu den alten Kunsthandwerken gehört auch das Vergolden, und die Tempeldächer hätten ihren Glanz nicht über Jahrhunderte, ja über ein Jahrtausend hin erhalten können, wären die Vergolder jener Tage nicht Meister ihres Fachs gewesen. Gold wurde in kleinen Mengen aus dem Sand des Kali Gandaki gewaschen, überwiegend aber in Lhasa erhandelt.

Messinggießerei und -treibarbeiten wurden auch für den Bedarf der Haushalte benutzt. Die noch heute gängigen Wasserkrüge, die die Frauen auf ihren Hüften tragen *(gagris),* Kannen und Teller, aber auch Kultgeräte für den buddhistischen Kulturkreis kamen aus den Metallwerkstätten Nepals und werden erst in letzter Zeit allmählich durch maschinell gepreßte Aluminiumgefäße, rostfreie Metalltabletts und Plastikgefäße verdrängt.

Seit Menschengedenken spielte die Förderung und Verhüttung von Eisenerz und die Herstellung eiserner Geräte eine bedeutende Rolle, die sie allerdings in den letzten zwanzig Jahren fast völlig verloren hat. Der Druck indischer Importwaren scheint hier einen alteingesessenen Berufsstand fast vernichtet zu haben. Kleine Eisenschmelzereien in Those und Bhojpur und vielen anderen Plätzen des Landes stellten Hakken und Sensen, Äxte und Messer, aber auch Gewehrläufe und vor allem das typisch nepalische Haumesser *(khukri)* her, mit dem die Gurkhasoldaten in die Schlacht zogen und das auch heute noch viele Männer auf dem Lande im Leibbund tragen. Es gibt immer noch einige Orte, an denen dieses Handwerk im Kleinen überlebt hat.

Nach allem, was bisher über die Baukultur gesagt wurde, kann es nicht überraschen, daß das Bauhandwerk und die Herstellung von Baustoffen zu den ältesten Gewerben Nepals gehören. Es ist nicht festzustellen, woher die Nepalis ihre Fähigkeiten bezogen haben, aber es ist sicher, daß das Brennen von Ziegelsteinen und Dachziegeln bereits in der Zeit vor der dokumentierten Geschichte des Landes bekannt war. Ausgrabungen und andere Beweise zeigen, daß sie auf jeden Fall bis in die Ära der Kiranti-Könige zurückreichen.

Noch heute wird guter Ziegelton von den Feldern des Kathmandu-Tals abgegraben und dort auch gleich in Brennöfen zu Ziegelsteinen, Biberschwänzen, Firstziegeln und Hohlpfannen für die Dächer sowie Pflasterziegeln für die Höfe und Plätze gebrannt. Sicherlich ergeben sich durch das Abgraben der guten Reisböden und durch den enormen Feuerholzverbrauch wachsende Probleme, aber die Errichtung einer Zementfabrik im Tal löste nur das eine Problem durch ein anderes ab. Auch Kalkmörtel gehört zu den uralten Baustoffen, die am Ort hergestellt wurden und werden. Zwar verputzen ärmere Leute auch heute noch ihre Häuser, wenn überhaupt, mit einem Gemisch aus Lehm, Häcksel und Kuhdung, aber beim Bau von Festungen, Palästen und Tempeln wurde seit Jahrhunderten Kalkmörtel benutzt. Er hat sich als äußerst haltbar selbst dann erwiesen, wenn ein Erdbeben das ganze Gebäude umwarf.

Neben den Baustoffen hat die Töpferei seit jeher allerhand Gegenstände des täglichen Bedarfs wie Küchengefäße, Kohlebecken, Pfeifenköpfe, Öllämpchen und dergleichen geliefert. Auch dieses alte Gewerbe scheint zum Untergang verurteilt zu sein, weil billige Importware aus Indien den Markt überschwemmt und leichte Plastikbehälter den schweren Tongefäßen gegenüber manchen Vorteil haben.

Es würde zu weit führen, alle handwerklichen Traditionen, wie die Herstellung von Textilien einschließlich Färben und Drucken, die Verarbeitung landwirtschaftlicher Produkte, die Konstruktion von Karren, Wassermühlen, Holzpflügen und Fischereigeräten, aufzuführen, die im Grunde in keinem Land der Dritten Welt fehlen. Eine Besonderheit Nepals aber ist die eigene Papierherstellung aus Seidelbast *(Daphne ssp.)*.

Vermutlich kam die Kunst des Papiermachens schon vor Jahrhunderten mit den Händlern aus China über Tibet, und das Handwerk war die einzige Quelle auch für amtliche Papiere bis in die jüngste Vergangenheit. Noch in den 1960er Jahren wurden alle amtlichen Dokumente (z. B. nepalische Führerscheine) auf „Nepalipapier" gedruckt oder geschrieben.

Einen Niedergang des Gewerbes wegen des Imports indischen Industriepapiers konnte man angesichts einer verstärkten Nachfrage der Touristen nach diesem Papier auffangen.

Die Stengel des Seidelbasts, der als Busch in Höhen zwischen 2700 und 3300 m im Bergland Nepals wild wächst, werden im Frühjahr entbastet und in mobilen Familienbetrieben an Ort und Stelle weiterverarbeitet, wofern genügend Wasser vorhanden ist, bis der feine Zellstoff auf Siebrahmen geschöpft und am offenen Feuer getrocknet wird. Gelegentlich trifft man in den Bergen Träger, die enorme Papiermengen in die Hauptstadt befördern, wo sie zu Schreibblöcken, Briefumschlägen, Heften und dergleichen verarbeitet werden. (Gajurel und Vaidya, 1984)

Auf einem Gebiet allerdings besitzt Nepal keinerlei Tradition: die Ausstattung der Wohnräume ist enttäuschend. Sie sind in der Regel leer, denn Möbel im modernen Sinne kennt der Nepali nicht. In bessergestellten Haushalten saß man auf einfachen Teppichen oder mit Baumwolle gestopften Matratzen auf dem Boden; große Holztruhen enthielten Kleider und anderes Besitztum. Bei ärmeren Leuten kannte man nur die Strohmatte. Lediglich in Einzelfällen fand sich ein Bett oder ein Stuhl. Tische waren unbekannt, und es gibt auch kein Wort dafür in den einheimischen Sprachen. Auch in der Küche findet die Zubereitung des Essens und das Essen selbst auf dem Lehmboden statt. „Es ist unerklärlich," schreibt deshalb der indische Soziologe G. S. Nepali, der die materielle Kultur der Newars eingehend untersuchte, „warum ein Volk, das so unvergleichlich geschickt in der Holzbearbeitung war, ... die Herstellung von Möbeln offenbar übersehen hat." (G. S. Nepali, 1965: 60)

Diese Situation hat sich in den letzten zwei Jahrzehnten tendenziell geändert. Wer noch in der Mitte der 1960er Jahre nach Nepal übersiedelte, mußte seine Möbel mitbringen, sie von abreisenden Ausländern kaufen oder von nepalischen Schreinern nach Vorlagen bauen lassen. Bereits fünf Jahre später bot der Markt Stühle, Tische und sogar Polstermöbel an, und heute findet man zumindest in Kathmandu in mittelständischen Haushalten Sitzmöbel. Übrigens waren auch Teppiche in Nepal unbekannt, und nur einige der nördlichen Grenzvölker knüpften Satteldecken und kleinere Unterlagen für den eigenen Bedarf. Inzwischen haben die tibetischen Flüchtlinge mit schweizerischer Hilfe eine florierende Teppichindustrie in Nepal aufgebaut.

6. Volksbildungspläne

Die Geschichte Nepals hat gezeigt, daß die Bildungschancen der breiten Massen eng mit den politischen Machtverhältnissen verbunden sind. Während der Zeit des Rana-Regimes, also von der Mitte des 19. bis zur Mitte des 20. Jahrhunderts, mußten diese Bildungschancen zwangsläufig gering bleiben, denn zunehmende Bildung hätte dem Volk seine Lage deutlich gemacht und das System unter Umständen gefährdet. Die Söhne der herrschenden Ranafamilie hatten natürlich die Chance, eine westliche Ausbildung in Indien oder Übersee zu genießen, ein Vorteil, der ihnen noch lange nach dem Ende der Ranaherrschaft einflußreiche Posten sicherte. Für den Rest der Bevölkerung standen für rund acht Millionen Menschen 200 Primar-, 203 Mittelschulen und 21 höhere Schulen neben dem von Indien betreuten TriChandra-College zur Verfügung. Nur wenigen gelang es, das Land illegal zu verlassen und draußen eine Ausbildung zu erwerben. So ist es kein Wunder, daß am Ende der Rana-Ära die Alphabetenrate bei nur 5,3 Prozent lag. Hinzu kam, daß in dieser Zeit das nepalische Bildungswesen kaum mehr als ein Anhängsel des indischen war und Themen wie die Kultur und Geschichte Nepals erst nach 1951 in die Lehrpläne eingefügt wurden.

Mit dem Eintritt in die Moderne versuchten die jeweiligen Regierungen nicht ohne Erfolg, ein Volksbildungssystem aufzubauen, eine Bemühung, die von der Krone nachhaltig unterstützt wurde. Bereits nach fünfzehn Jahren (1966) war die Zahl der Primarschulen auf 5694, die der Mittelschulen auf 408 und die der höheren Schulen auf 263 angestiegen. Zudem gab es

34 Colleges und die neu gegründete Tribhuvan-Universität. Die Alphabetenrate war auf rund 10 Prozent angestiegen.

Natürlich hatte das neue Bildungssystem noch viele Schwächen, denn die Ausbildung geeigneter Lehrer brauchte ihre Zeit, und bei der Beschaffung von Unterrichtsmaterial war man im wesentlichen auf fremde Hilfe angewiesen. Noch immer waren erst 27 Prozent der Kinder der jeweiligen Jahrgänge und sogar nur 14 Prozent der Mädchen eingeschult, und der Anteil derjenigen, die nach nur zwei oder drei Jahren der Schule wieder fernblieben, war groß. Von den Primarschülern erreichten damals nur wenig über 8 Prozent der Eingeschulten das Ende des 5. Schuljahres.

Die Gründe dafür erklären sich leicht aus den allgemeinen Lebensverhältnissen der breiten Massen. Den Eltern fehlte noch jedes Verständnis für den Nutzen der Schulbildung, und sie wollten ihre Kinder lieber als Arbeitskräfte in Haus und Hof behalten. Zudem hatten viele unterernährte Kinder ganz einfach nicht die Kraft, den Anforderungen eines Schulunterrichts gerecht zu werden. Anreize wie schöne Schulgebäude, interessante Lehrmittel, Schulspeisung und dergleichen gab es nicht, und die schlecht ausgebildeten Lehrer standen bei der Bevölkerung nicht sehr hoch im Ansehen.

Zu einer Wende in der Bildungspolitik kam es 1971 mit der Annahme eines Volksbildungsplans. Nicht nur wurde wenige Jahre später Schulgeldfreiheit für die Primarstufe eingeführt, die Regierung setzte sich auch nachdrücklich dafür ein, daß der Unterricht einen national-kulturellen Charakter bekam. Das Ziel war die Entwicklung, Erhaltung und Verbreitung der Nationalsprache Nepali, einer eigenständigen Kultur, Literatur und Kunst. In den neuen Lehrplänen für Primar-, Mittel- und höhere Schulen waren Lehrgänge in Musik, Tanz, Kunsthandwerk, Zeichnen und Malen, Geschichte und Kultur vorgesehen. Lokale und nationale Feste sollten ausgerichtet, Wettbewerbe im Liedersingen, Theaterspielen u. ä. durchgeführt werden. (Sh. Amatya, 1983: 22–25) In dieser Zeit gab es in Nepal 7256 Primar- und 1956 Sekundarschulen sowie 49 Institutionen der höheren Bildung. Die Alphabetenrate war auf 13,9 Prozent gestiegen, und der Gedanke eines mehr technisch orientierten Unterrichts gewann an Boden.

Gegenwärtig, am Ende der 1980er Jahre, stehen der Jugend Nepals rund 18 000 Schulen zur Verfügung. 1,8 Millionen Kinder sind in Primar- und je etwa 300 000 in Mittel- und höheren Schulen eingeschrieben. Dabei umfaßt die Primarstufe das erste bis fünfte, die Mittelschule das sechste und siebente und die Oberstufe das achte bis zehnte Schuljahr, dem 1989 eine höhere Sekundarstufe mit einem 11. und 12. Schuljahr angegliedert wurde. Die Einführung der Schulgeldfreiheit für die Primarstufe hat zwar die Zahl der Schüler zunehmen lassen, aber noch immer haben über 1,5 Millionen Kinder der entsprechenden Altersgruppe keinen Unterricht. Auch die Mädchenbildung stieg an, erreichte bisher aber höchstens 30 Prozent. Inzwischen rechnet man damit, daß etwa ein Drittel aller Nepalis alphabetisiert ist.

Die Ausstattung der Schulen hat sich gebessert, und auf dem Lande soll es nicht mehr nötig sein, daß die Kinder ihren Klassenraum selbst fegen und sich eine Matte als Sitz von zu Hause mitbringen. Viel gravierender ist die Frage der „dropouts" und die der Lehrerausbildung.

Vor allem in der Primarschulerziehung ist die hohe Ausfallrate ein Problem, also der Anteil der Schüler, die nach einem oder zwei Jahren den Schulbesuch aus verschiedenen Gründen aufgeben. Zwar rechnet man jetzt damit, daß 80 Prozent der Kinder den Primarschulunterricht beginnen, daß aber nur etwa 2 Prozent das Schulziel erreichen. (TRN, 14. 1. 87) Ähnliches galt lange Zeit für den Lehrer, der seine Tätigkeit als Sprungbrett in eine besserbezahlte staatliche Anstellung betrachtete. Von den 76 000 Lehrern, die heute unterrichten, sind nur 28 000 (darunter 3000 Frauen) voll ausgebildet. Aber die Fortschritte in der Lehrerausbildung und die Hoffnung auf ein berufliches Fortkommen mit sozialer Sicherheit haben dem Lehrerberuf inzwischen ein besseres Ansehen beim Publikum eingetragen.

Auch die Ausbildung auf akademischer Ebene hat in den letzten Jahren Fortschritte gemacht. Zu dem 1918 gegründeten TriChandra College als einziger höherer Bildungsstätte des Landes trat 1959 die Tribhuvan-Universität, die auf einem Gelände zwischen Kathmandu und Kirtipur nach westlichem Muster entstand. 1986/87 wurde im Distrikt Dang-Deokhuri (Rapti-Zone) eine zweite Universität, die Mahendra Sanskrit-Universität gegründet. Diese letzte Gründung war eine deutliche Reaktion der konservativen Kreise auf die modernen Denkformen, die ein Studium an der Tribhuvan-Universität zwangsläufig mit sich brachte. Hier soll klassische Bildung vermittelt, die Tradition gewahrt und vor allem der Status Nepals als Hindu-Königreich bestätigt werden. (Kölver, SZ vom 5./6. 12. 1987)

Obwohl die offizielle Politik darauf abzielt, akademischen Nachwuchs auf den Gebieten zu fördern, die man für die materielle Entwicklung des Landes als wichtig erachtet, zeigt doch die fachliche Aufgliederung der Studierenden der höheren Bildungsstätten das für Entwicklungsländer typische Bild. Rund 45 Prozent studieren Geisteswissenschaften und Sanskrit, ein kleiner Teil davon mit pädagogischer Zielrichtung; es folgen Wirtschaft und Recht mit 30 Prozent und naturwissenschaftlich-technische Fächer mit 20 Prozent. Land- und Forstwirtschaft erreichen keine drei Prozent und das Medizinstudium ist mit zwei Prozent ebenfalls unbedeutend.

Eine größere Zahl technischer Institute und Colleges (meist als „campus" bezeichnet) ist über das Land verstreut. Teilweise werden sie von der Tribhuvan-Universität betreut, teilweise sind sie privat. Hier werden Fächer wie Ingenieurwesen, Elektrotechnik, Sanitärinstallation, Agrartechnik, Bauhandwerk und medizinische Technik unterrichtet. Ende der 1980er Jahre waren mehr als 80 000 Studierende an den Stätten der höheren Bildung eingeschrieben. Eine jährlich wachsende Studentenzahl überfordert seit langem Institutionen wie Lehrkörper.

Um die offensichtliche Kluft zwischen Anspruch und Wirklichkeit im nepalischen Bildungswesen zu überbrücken und vor allem den breiten Volksmassen eine Einstiegschance zu geben, stellt man seit Jahren den „informellen" Bildungssektor in den Dienst der Sache. Hier haben sich die Erwachsenenbildungsmaßnahmen des Erziehungsministeriums, vor allem aber

Alphabetisierungskampagnen des Nepalischen Frauenverbandes und international unterstützte Programme, die sich oft an ländliche Entwicklungsprojekte anlehnen, bewährt. Dieser Sektor umfaßt örtliche Maßnahmen mit dem Ziel, das Analphabetentum zu bekämpfen und vor allem Frauen und Mädchen den Zugang zum Lesen, Schreiben und Rechnen, aber auch zu Hygiene, gesünderer Ernährung und dergleichen zu eröffnen. Hier bietet sich auch vorzeitigen Schulabgängern die Möglichkeit, es noch einmal zu versuchen. Solche Maßnahmen, allen voran das international unterstützte *cheli-beti*-Programm, die auf die Lebensumstände der Jugendlichen und Erwachsenen Rücksicht nehmen und beispielsweise am frühen Morgen oder am Abend angeboten werden, wenn keine anderen Pflichten anstehen, haben gute Erfolge erzielt. Sie wirken innerhalb der heterogenen Dorfbevölkerung gelegentlich revolutionierend und helfen, verkrustete Traditionen abzubauen, die die Entwicklung hemmen.

Das Problem der akademischen Bildung liegt anders. Hier steht der Hoffnung auf eine interessante, gut bezahlte Beschäftigung oft ein enger Arbeitsmarkt entgegen, und die Zahl frustrierter Jungakademiker im Staatsdienst, die keine Aufstiegschance sehen, ist groß. Viele sind schlicht arbeitslos oder versuchen, über eine zweite Ausbildung in einen ihnen fremden Beruf einzusteigen, für den eine Nachfrage besteht. So bildet etwa die Nepal Bankers' Association junge Akademiker in Schnellkursen für praktische Berufe aus. Und während man die Möglichkeit diskutiert, der Nachfrage nach Studienplätzen durch Abend- oder Fernkurse ebenfalls „informell" zu entsprechen, dürfte das Problem einer ausbildungsgerechten beruflichen Unterbringung vorab kaum zu lösen sein. Nepal, das zu Beginn der Moderne ganze sieben promovierte Akademiker besaß, hat heute Hunderte von promovierten Fachleuten auf praktisch allen Gebieten, die begierig sind, ihr Wissen und Können in den Dienst ihres Landes zu stellen. Die Aufnahmekapazität dieses Landes aber steht dazu in keinem Verhältnis. Die Gefahr eines massiven *brain-drain* wird von Jahr zu Jahr größer. (TRN – 16. 5. 1988)

IV. Wirtschaft und Entwicklung

1. Geschichte der Landwirtschaft

Ein Blick auf die wirtschaftliche Situation des Landes vor etwa zweihundert Jahren, zu einer Zeit also, da sich Nepal als ein Einheitsstaat etablierte, bringt manche Erklärung für die Rückständigkeit und geringe Leistungskraft des Landes. Der Eindruck, den es gegenwärtig auf den Besucher macht, sobald er den Bereich der Hauptstadt verlassen hat, nämlich den eines bäuerlichen Landes, täuscht nicht. Auch vor zweihundert Jahren war Nepal außerhalb des Tals mit seinen drei Königsstädten ein Land der Dörfer. Und in der Tat produzierte das Königreich bereits vor zweihundert Jahren Reis, Mais und Hirse, Ölsaaten und Blattgemüse, Zuckerrohr, Baumwolle und Jute, Obstsorten der tropischen und der gemäßigten Zone und Wurzelgemüse; man hielt Ziegen und Schafe, Wasserbüffel, Rinder und Yaks. Wertvolle Hölzer, Brennholz und Holzkohle, Honig und Wachs, Heilkräuter und Moschus kamen aus den Wäldern. Auch wilde Elefanten und Vögel hatten als Handelsgüter eine Bedeutung.

In der Tat waren die naturräumlichen Bedingungen des Landes gut geeignet, einer begrenzten Zahl Menschen einen bescheidenen Wohlstand zu sichern. Doch die Entwicklungsmöglichkeiten vieler Länder der Dritten Welt und so auch in Nepal sind eingeschränkt durch die Besitzverhältnisse.

Die traditionelle Form der Landbesitzverfassung war in allen Teilen des Königreiches und der früheren Fürstentümer das Staatseigentum am Boden (raikar). Mithin waren alle Bauern Staatspächter und zahlten ihre Grundsteuer direkt an den Staat. War der Landbesitz des Staatspächters groß genug oder gestatteten es die Verhältnisse, so konnte er sein Land unterverpachten. Er blieb dann dem Staat gegenüber weiter steuerpflichtig, konnte aber den Unterpächter ausbeuten, denn in der Regel betrug die Pacht die Hälfte der Bruttoernte. Das erklärt die Existenz ungezählter armer, kleiner Pächter.

Nun wurde es immer mehr zur Praxis, daß sich der Staat seiner Rechte am Boden begab und Landflächen an Privatpersonen *(birta)* oder gemeinnützige Institutionen wie Tempel, Klöster und dergleichen *(guthi)* abtrat und in der Regel auf Grundsteuern verzichtete. Die so begünstigten Personen, die zu Grundherren avancierten, waren verdienstvolle Brahmanen, siegreiche Generäle, höhere Beamte, kurz alle, die das Wohlwollen der Krone oder des Staates erlangt hatten. Zur Zeit, da Prithvi Naryan den nepalischen Einheitsstaat aufbaute, und ganz besonders während des Jahrhunderts der Rana-Ministerpräsidenten schanzten sich die einflußreichen Familien *birta*-Landbesitz zu und schufen damit die Grundlage für eine Landaristokratie auf Kosten nicht nur der kleinen Pächter, sondern der Entwicklung des Agrarsektors überhaupt.

Der kleine Pächter war ökonomisch in einer Lage, die es ihm nicht geraten sein ließ, viel mehr als das zu produzieren, was ihm nach Abzug der Pacht das Überleben sichern würde. Wuchs seine Familie und rodete er zusätzliches Ackerland, so wurde dieses nach drei Jahren Karenzzeit dem Besitz zugeschlagen und normal besteuert respektive mit Pachtabgaben belegt. Hätte er Geld oder Arbeit zusätzlich investiert, um höhere Erträge zu erzielen – der Grundherr würde seinen Anteil daran fordern. War er gar aufsässig und nicht bereit, wachsenden Forderungen des Bodeneigentümers zu entsprechen, so konnte er vom Land vertrieben werden. Zahllose landarme und landlose Bauern waren bereit, sich gegen noch höhere Abgaben als Pächter zu verdingen.

Es kam aber noch ein weiteres hinzu, das die Leistungsfähigkeit und Entwicklung der Wirtschaft hemmte: die Menschen wurden zu unbezahlter Arbeit außerhalb ihres Landbesitzes gezwungen. Dafür gab es in Nepal zwei Institutionen, die sich über die Jahrhunderte erhalten hatten: unbezahlte Zwangsarbeit *(jhara* mit Unterformen) und Leibeigenschaft *(bandha)* neben regelrechter Sklaverei. Jeder Untertan war verpflichtet, bestimmte Träger- und Postläuferdienste für die Regierung zu leisten. Darüber hinaus wurden die Bauern etwa zum Bauen und Instandhalten von Wegen und Brücken, von fürstlichen und königlichen Palästen, zur Errichtung von Tempeln auch in der Hauptstadt, zur Versorgung der königlichen Haushalte mit Arbeitskraft und zu vielem anderen mehr gezwungen. Auch mußten die Bauern die Ländereien der örtlichen Funktionsträger bearbeiten. Noch in den 1960er Jahren wurde den Beamten der Regierung ausdrücklich untersagt, sich bei Reisen im Lande von den Bauern kostenlos verköstigen zu lassen, was die Regel war. Besonders in der Frühzeit der Shah-Dynastie, als Nepal Eroberungszüge nach Westen unternahm und mehrere Kriege führte, war der Bedarf an Zwangsarbeitern groß. Gehörten sie nicht zur Armee selbst, so mußten sie Briefe befördern, Waffen und Munition an die Front transportieren und befestigte Stellungen (Forts) bauen. Standen keine Männer mehr zur Verfügung, so zwang man Frauen und Kinder zur Arbeit. Hunderttausende wurden auf diese Weise mit schwerwiegenden wirtschaftlichen Folgen von der Feldarbeit ferngehalten.

Sklaverei, ebenfalls eine „altehrwürdige Institution" im Himalaya, wurde in der Regel nicht vom Staat praktiziert. Nur in einigen Fällen, so etwa bei der Mißachtung des Kuhschlachteverbots, wurde neben der Todesstrafe auch Versklavung angedroht. Bauern gerieten meist dann in die Sklaverei, wenn sie sich verschuldeten und ihre Schulden nicht zurückzahlen konnten. Da sie nicht Eigentümer ihres Bodens waren und ihn nicht als Sicherheit verpfänden konnten, hielt sich der Gläubiger an der Arbeitskraft des Schuldners (Leibeigenschaft) oder an seinem Marktwert (Verkauf als Sklave bis nach Indien und Tibet) schadlos. Um seine Schulden zu bezahlen, half sich ein Bauer oft damit, daß er selbst einen Sohn in die Sklaverei verkaufte. So sollen zum Beispiel während der elf Jahre (1804–1815), da König Gibrana Juddha Shah das heute wieder indische Garhwal besetzt hatte, um 200 000 Personen zwischen drei und dreißig Jahren versklavt worden sein. Daß unter solchen Umständen viele Bauern mit ihren Familien ihr Heil in der Flucht suchten, ihr Land im Stich ließen und im fieberverseuchten Terai oder gar in Britisch-Indien eine neue Heimat suchten, ist zu verstehen. Ebenso einleuchtend sind Berichte aus jener Zeit, die die Entvölkerung ganzer Landstriche melden. So stagnierte die nepalische Landwirtschaft über die Jahrhunderte. (M. C. Regmi, 1971: 120)

Der enge Zusammenhang zwischen der Landbesitzverfassung, der Lage der Bauern und der landwirtschaftlichen Produktion war den herrschenden Kreisen schon lange bekannt. So wurde die Sklaverei unter Ministerpräsident Chandra Shumsher Rana 1927 endgültig abgeschafft. 1951 kündigte die Regierung die Abschaffung des *birta*-Systems an, aber es dauerte bis 1959, ehe ein entsprechendes Gesetz vom Parlament verabschiedet wurde.

1957 war ein Landreformgesetz in Kraft getreten, das das individuelle Bodeneigentum auf rund 16 ha im Terai, 2,6 ha im Tal von Kathmandu und 4 ha im Bergland mit der Auflage begrenzte, das Überschußland an den Staat zwecks Verteilung an die bisherigen Pächter oder an Landlose zu verkaufen. Da die Durchführung aber schleppend vor sich ging, hatten viele Großgrundbesitzer reichlich Zeit, durch Übertragung des Überschußlandes an Familienangehörige die Verfügungsgewalt über ihr ursprüngliches Eigentum letztlich zu erhalten und die Landreform zu umgehen. Statt der erwarteten 250 000 ha Überschußland konnte bis 1977 gerade ⅓ dieser Fläche erworben und ⅒ verteilt werden. Immerhin erhielten viele der kleinen Pächter jetzt den Status eines Landeigentümers (genauer: eines Staatspächters) und waren nur dem Staat steuerpflichtig.

Nach der letzten verfügbaren Statistik (1981/82) werden heute von den knapp 2,5 Millionen ha Kulturland 94 Prozent als vom Eigentümer bewirtschaftet ausgewiesen; sechs Prozent des Landes sind gepachtet oder zugepachtet. Dieses auf den ersten Blick überraschend günstige Bild wird trübe, wenn wir erfahren, daß knapp 2,2 Millionen ha Kleinbesitz mit durchschnittlich 1,13 ha sind und nur etwa zehn Prozent bewässert, also von den Launen der Natur einigermaßen unabhängig sind. Danach blieb die große Masse derjenigen, die den Boden im Gebirge und im Bergland bebauen, Kleinbauern, und zwar mit einem wachsenden Anteil solcher, die von ihrem Land nicht existieren können und auf Zuverdienst angewiesen sind.

Im Terai sind die Höfe zwar im Schnitt viermal so groß, aber der Großgrundbesitz hat hier auf die eine oder andere Weise überlebt. 3,4 Prozent der Grundeigentümer bewirtschaften fast die Hälfte des Kulturlandes, während auf 88 Prozent der Höfe weniger als 15 Prozent des Kulturlandes entfallen. Hinzu kommt, daß die größeren Landbesitzer durchweg an Bewässerungssysteme angeschlossen sind, Zugang zu Krediten, Edelsaatgut und Handelsdünger haben, was den Kleinbauern durchweg verwehrt ist. Kein Wunder also, daß im Terai die sozialen Unterschiede größer als im Bergland sind. Während dort der kaum lebensfähige Kleinbauer das Bild bestimmt, findet man hier den Kleinbauern mit Subsistenzwirtschaft und geringem Marktanteil neben dem modernen Großbauern, der Überschüsse und Exporterlöse erwirtschaftet.

Betrachten wir nun die einzelnen Wirtschaftssektoren des Landes, wie sie sich uns heute darstellen.

2. Land- und Forstwirtschaft

Trotz aller Schwierigkeiten, mit denen der Sektor Landwirtschaft (einschließlich Viehhaltung, Forstwirtschaft und Fischerei) zu kämpfen hat, ist er der mit Abstand wichtigste Wirtschaftszweig des Landes und hat über die Jahrhunderte den Menschen das physische Überleben ermöglicht. Noch heute sind 91 Prozent der Beschäftigten dort tätig, die Landwirtschaft trägt zu 59 Prozent zum Bruttoinlandsprodukt und zu mehr als 60 Prozent zu den Exporten bei und liefert über 82 Prozent der Rohstoffe für den gewerblichen Sektor.

In den hohen *Gebirgslagen* finden wir eine Kombination von Feld- und Weidewirtschaft, wobei die sommerlichen Yak-

Abb. 9: Im Bergland zwingt der Bevölkerungsdruck, immer steilere Hänge unter Kultur zu nehmen. Bodenschonender Terrassenbau hat in Nepal eine alte Tradition.

weideflächen im Gebiet des Mt. Everest bis fast an die Vegetationsgrenze bei nahe 5000 m hinaufreichen. Zwischen 3000 und 4200 m Höhe finden wir in diesem Raum als Feldkulturen Kartoffeln, Buchweizen, Gerste, Rettiche und gelegentlich Breitblattsenf. In weniger extremen Höhen weiden große Herden von Ziegen und Schafen, die im Sommer die Grenze zu Tibet überschreiten, um dort auf den fast menschenleeren Flächen ihr Futter zu suchen. Diese grenzüberschreitende Weidewirtschaft ist neuerdings durch Verträge geregelt. Die langandauernde Schließung der Grenze zu Tibet durch China hat den Handel mit Salz, Vieh, Wolle und anderen Gütern, der lange das wirtschaftliche Überleben der Hochgebirgsbevölkerung sicherte, stark reduziert. Außerdem hat sich auch der Rückgang der Überschußproduktion an Nahrungsmitteln auf nepalischer Seite, die früher in den Tauschhandel einfloß, nachteilig auf den Außenhandel ausgewirkt.

Das *Bergland,* das von Natur aus mit einem subtropischen Wald aus Chilaune, Scheinkastanie und vielen anderen Spezies dicht bewaldet war, wurde im Laufe der Besiedelung Nepals das bevorzugte Rodungsgebiet, wo günstige Böden und vorteilhaftes Klima zuverlässige Ernten versprachen. Die verbliebenen Wälder überließ man dem Vieh – Rindern, Büffeln, Ziegen und in höheren Lagen auch Schafen – als Weide, bis auch diese Flächen mittels Terrassenbau und wo möglich Bewässerung unter Kultur genommen wurden. Die Geschichte zeigt, daß über Jahrhunderte die Landwirtschaft des Berglandes autark war und sich auf eine ausgewogene Kombination aus Landbau und Viehhaltung stützte. Noch bis 1950 soll der Durchschnittsbauer hier in der Lage gewesen sein, einen leichten Überschuß zu erzeugen. Dieser Zustand hat sich seitdem grundlegend geändert.

Ausgedehnte Gebiete des nepalischen Berglandes überraschen den Besucher durch weite Fluchten terrassierter Hänge, die von den Flußufern bis zu den Kämmen der Höhenzüge reichen. Auf den mit Randwällen versehenen Terrassen, wo Regenwasser aufgestaut werden kann, wird Naßreis bis zu einer Höhe von rund 2000 m, auf den leicht abschüssigen Terrassen Hirse bis 2350 m, Mais bis 2500 m und Weizen bis 2800 m kultiviert. (Limberg, 1973: 25) Kartoffeln, Yam *(Dioscorea alata)* und verschiedene Blattgemüse wie *Amaranthus viridis* werden auf offenen Hängen angepflanzt. Im Laufe der Zeit hat sich die gerodete Kulturfläche bis hinauf in die Zone der Rhododendren und Eichen, also bis auf über 3000 m, und hinunter in die wärmeren Täler ausgedehnt, wo Naßreisanbau die Regel ist.

Doch trotz der intensiven Bewirtschaftung treibt die Landwirtschaft des Berglandes einer Katastrophe zu. Während nämlich von Mitte der 1970er bis Mitte der 1980er Jahre die Gesamtbevölkerung Nepals um 17 Prozent zunahm, stieg die Produktion an Nahrungsgetreide um weniger als 15 Prozent, und das bei einer Zunahme der Anbaufläche um fast 25 Prozent. Das bedeutet, daß die Produktionseinbußen durch rückläufige Flächenerträge nur deshalb einigermaßen aufgefangen werden konnten, weil man weiter Wälder abholzte und marginale Böden unter Kultur nahm. Dieser Prozeß wirkte sich besonders verheerend im Bergland aus, wo in dieser Zeit 56 Prozent der Bevölkerung lebten, aber nur 30 Prozent der Nahrungsmittel erzeugt wurden. Auf den kleinen Wirtschaftseinheiten, die sich zwischen 0,1 bis 0,5 ha bewegen und im Schnitt nur den Bedarf von 225 Tagen im Jahr erzeugen können, führen die Menschen ein kärgliches Dasein. 60 von 100 leben nach nepalischen Maßstäben unterhalb oder nur knapp über der Armutsgrenze.

Eine rasch zunehmende Bevölkerung bei gleichzeitig abnehmender Bodenfruchtbarkeit führt vor allem in Jahren ungünstiger Witterung – verspätete oder überreichliche Monsunregen, Hagelschlag u. ä. – zu Nahrungsmitteldefiziten mit örtlichen Hungersnöten wie z. B. in den Dürrejahren 1976, 1979, 1982 und 1986. Grundsätzlich aber gilt, daß 47 von 55 Bergland- und Gebirgsdistrikten chronische *food deficit districts* sind, die niemals ihren eigenen Nahrungsbedarf decken und bei denen einige nur 25–30 Prozent der Nachfrage aus eigener Produktion befriedigen können. Hier ist ein Überleben nur möglich, wenn Nahrungsmittel von außen herangeschafft werden, wofür die Nepal Food Corporation verantwortlich ist, die Überschußgetreide im Terai aufkauft und es mittels Lastwagen, Packtieren und Trägern, in Einzelfällen auch mit Flugzeugen in die Mangelgebiete bringen läßt. Viele Familien können dieses Getreide aber nur kaufen, wenn sie außerhalb ihrer Landwirtschaft Geld verdienen oder ihnen Söhne, die in indischen Städten arbeiten oder als Gurkhasoldaten in Indien oder Großbritannien Dienst tun, Geld überweisen. Der verzweifelte Versuch, die ausgelaugten oder erodierten Böden durch neue Rodungen zu ersetzen, führt zu der physischen Zerstörung des Berglandes durch das Abwaschen der Hänge und ganze Bergstürze.

Das Innere und Äußere *Terai* war bis in die jüngere Vergangenheit hinein wegen der endemischen Malaria als Bauernland nur sehr bedingt geeignet. Dessenungeachtet zog der Staat durch den Export von Holz nach Indien beträchtliche Gewinne aus dieser Region. Seit dem Ende der 1950er Jahre, als die Bekämpfung der Malaria Erfolge zeigte, änderte das Terai sein Gesicht vollkommen. Tausende von Siedlerfamilien kamen aus Indien, später auch aus dem Bergland und aus anderen asiatischen Ländern, in die Nepalis früher ausgewandert waren, um aus eigener Initiative Wald zu roden oder sich um eine Parzelle in einem der staatlich geförderten Siedlungsprojekte zu bewerben. Gebetsfahnen über Siedlerhäusern zeigen an, daß sich selbst Tibeter heute im Terai niedergelassen haben.

Schon immer hatten die wenigen Bauern dort Naßreis, Ölsaaten, Zuckerrohr und Tabak angebaut, und ein Teil der Felder wurde bewässert, indem man die aus dem Bergland austretenden Flüsse durch Wehre abschloß und das Wasser auf die Felder leitete. Heute ist der größte Teil des Trockendschungels abgeholzt, das Terai wurde zur „Kornkammer Nepals" und zum Auffangbecken der Überschußbevölkerung aus dem Bergland (Gurung, 1981: 7–9)

Die Gesamtsituation der nepalischen Agrarproduktion, vor allem was die Erzeugung von Grundnahrungsmitteln betrifft, muß als kritisch bezeichnet werden. Noch in den 1960er Jah-

Abb. 10: Die Kultur von Naßreis im Kathmandu-Tal, im Terai und auf anderen geeigneten Flächen setzt den Bau wasserhaltender Terrassen voraus, den man in Nepal bis zur Perfektion entwickelt hat.

ren brachte ein normales Erntejahr einen Überschuß von über 300 000 t Nahrungsgetreide, vor allem Reis und Weizen, der exportiert werden konnte. Aber von Mitte der 1970er bis Mitte der 1980er Jahre wuchs die Bevölkerung jährlich im Schnitt um 2,66 Prozent, die Getreideproduktion aber nur um 1,3 Prozent. Es konnte nicht ausbleiben, daß die Nahrungsmittelbilanz Nepals immer häufiger defizitär wurde. 1982/83 beispielsweise weist das Landwirtschaftsministerium ein Defizit von 111 000 t Getreide aus. Nepal ist im Begriff, den Schritt vom Getreideexport- zum Getreideimportland zu tun. Unabhängig davon bleibt es ein großes Problem, die Defizitdistrikte im Gebirge und im Bergland entweder instand zu setzen, ihren Bedarf an Grundnahrungsmitteln aus eigenem zu decken oder sie von außen zu versorgen. Der Transport stellt das Land auf jeden Fall vor erhebliche technische und finanzielle Probleme.

Der systematische Aufbau einer Viehhaltung in Verbindung mit Weideverbesserung, Zucht und veterinärmedizinischem Dienst ist verhältnismäßig jungen Datums. Zwar ist das Halten von Tieren, besonders von Rindern und Büffeln, Ziegen und, in größeren Höhen, von Schafen und Yaks gängig, aber ihre Fleisch- und Milchleistung war stets sehr dürftig. Kühe gaben üblicherweise kaum mehr als einen Liter Milch am Tag, und mit immer knapper werdendem Brennholz wird der Dung, früher auch ein Grund für die Viehhaltung, heute schon weitgehend zu Brennstoff verarbeitet und dem Feld entzogen. Einiger Erfolg ist dem Weideentwicklungsprogramm in den nördlichen Grenzdistrikten beschieden, so daß die Notwendigkeit, das Vieh auf tibetische Weiden zu treiben, zurückzugehen scheint. Die Einkreuzung importierter Rassen stößt gelegentlich auf Anpassungsschwierigkeiten bei den Tieren.

Über den alarmierenden Rückgang der Waldfläche wurde schon berichtet. Offizielle Zahlen versichern, daß Nepal gegenwärtig noch zu 29 Prozent bewaldet ist. Von diesen mehr oder weniger intakten Waldflächen entfallen je 32 Prozent auf Gebirge und Bergland, 26 Prozent auf die Churia-Berge (Siwaliks) und der Rest von 10 Prozent auf das Terai. Durch die hier in den letzten Jahren erfolgte Entwaldung besitzt diese Region, die nur 14 Prozent der Staatsfläche ausmacht, 42 Prozent des Ackerlandes. (TRN, 24. 4. 1987)

Es vergeht kein Tag, an dem die Presse nicht auf die Bedeutung der Wälder, ihre Schutzfunktion für die Böden und das genetische Potential des Landes, auf ihre Rolle als Energielieferant und auf ihre Bedrohung durch den Menschen hinweist. Neben Meldungen über Aufforstungsprojekte in allen Teilen des Landes, deren Erfolg aber nur mit 60 Prozent angesetzt wird, berichten die Zeitungen laufend über Waldfrevel, Schmuggel von Rundholz über die offene Grenze nach Indien und darüber, daß in vielen Fällen staatliche Forstbedienstete ihre Aufsichtspflicht verletzen oder gar mit von der Partie sind.

Daß der Bestand an exportwürdigen Hölzern stark zurückgeht, zeigt die Statistik. Während 1966 noch 177 300 t Rund- und Schnittholz nach Indien exportiert wurden, war dieser Ausfuhrposten zwischen 1975 und 1985 bereits auf einen Mittelwert von 30 000 t im Jahr zurückgegangen – natürlich zuzüglich dessen, was illegal geschlagen und außer Landes gebracht wurde. Die Besitzer der heimischen Sägewerke und selbst der Streichholzfabriken klagen seit langem über einen schleppenden Nachschub an Rohholz.

Als man 1957 allen Wald verstaatlichte, löste das unter der Landbevölkerung den Wunsch aus, sich ohne Rücksicht zu bedienen, solange es noch möglich wäre. 1978 übertrug man die Verantwortung wieder den Gemeinden. Wenn einmal das verständliche Mißtrauen gegenüber der Verwaltung überwunden ist, dürfte einer künftigen Pflege der Gemeindeforsten nichts mehr im Wege stehen. Einige hoffnungsvolle Ansätze sind bereits zu beobachten.

Im Gegensatz zu den trüben Aussichten für Land- und Forstwirtschaft zeigt sich die Zukunft der Fischereiwirtschaft eher in rosigem Licht. Dieser für Nepal praktisch ganz neue Wirtschaftszweig – als Binnenland kennt es keinen Seefisch, und Fischteiche waren höchstens bei ein paar Großgrundbesitzern im Terai zu finden – entstand mit der Errichtung der staatlichen Fischereistation von Janakpur im Terai im Jahre 1963 und wurde seitdem ständig über Entwicklungshilfe betreut. Heute besitzt das Land 12 Fischereizentren, die 21 Distrikte versorgen.

Die naturräumliche Basis sind die reichen Wasserflächen: 395 000 ha Flüsse und Bäche, 5000 ha natürliche Seen, 2000 ha alte Dorfteiche, 1380 ha Stauseen und eine Fläche von 120 000 ha an Naßreisfeldern. Dieses Potential wird heute noch keineswegs ausgenutzt, denn der Fischfang in freien Gewässern bringt gegenwärtig nur ein, Aquakultur (also Teichwirtschaft und „cage culture") aber zwei Drittel der Produktion.

Die Fischereipolitik hat bewirkt, daß im Terai über 4000 ha an neuen Fischteichen gegraben wurden und diese Region allein über 6000 t Fisch produziert, rund die Hälfte der gegenwärtigen Gesamtproduktion von mehr als 12 000 t im Jahr. Nicht nur kann man heute Teraifische auf dem Markt von Kathmandu kaufen, es werden auch bereits 2000 t im Jahr an grenznahe indische Orte geliefert. Die Steigerung des Fischkonsums würde in Nepal nicht nur den Anteil tierischen Proteins an der Ernährung vergrößern, er könnte auch eine zusätzliche oder alternative Einkommensquelle für die Bauern bedeuten. Noch ist der Prokopf-Verbrauch mit 0,7 kg im Jahr sehr niedrig, doch besteht berechtigte Hoffnung, ihn in ein bis zwei Jahrzehnten wie geplant auf 2 kg zu erhöhen, wenn es gelingt, die Produktion an Fischbrut und Jungfischen sicherzustellen.

3. Die Grenzen der Energiewirtschaft

Im Jahre 1911 schlug die Stunde der Elektrizität, als das kleine 500 kW-Wasserkraftwerk bei Pharphing – unweit des Austritts des Bagmati aus dem Kathmandu-Tal – errichtet wurde. Seine Stromproduktion diente in erster Linie dazu, die Stuckpaläste und Ministerien der damals tonangebenden Rana-Familie zu illuminieren. Erst 1934 kam das 800 kW-Wasserkraftwerk von Sundarijal am Talrand dazu, das nun Strom an jeden lieferte, der dafür zu zahlen bereit und in der Lage war. Erst 1956 wurde eine zusätzliche Dieselkraftstation von 1600 kW in Kathmandu errichtet, mit der sozusagen die Elektrifizierung des Tals begann. Bis zum Jahre 1969 gab es im Königreich fünf Wasser- und elf Dieselkraftwerke mit einer installierten Kapazität von zusammen 25 828 kW. Fünf weitere Wasser- und zwei Dieselkraftwerke mit zusammen 20 000 kW waren zu diesem Zeitpunkt im Bau.

Angesichts der hydrologischen Verhältnisse im Himalaya haben die Wasserkraftwerke bei der Energieplanung bis heute eine hohe Priorität. Nach sorgfältiger Untersuchung von 33 größeren und 82 kleineren Wassereinzugsgebieten errechnete Dr. Hari Man Shrestha 1965 ein Wasserkräftepotential der nepalischen Flüsse von etwas mehr als 83 000 MW, wovon allerdings nur etwa 27 000 MW wirtschaftlich nutzbar sind. Damit gehört Nepal zu den Ländern der Erde mit dem größten Potential an Wasserkräften.

In den vier Jahrzehnten nach 1950 wurde viel in die Nutzung dieses Potentials investiert, aber es zeigte sich, daß der Weg von der Identifizierung einer „dam site" bis zur Produktion von Strom ein weiter und von der Stromerzeugung bis zur Versorgung der Masse der Bevölkerung mit Strom ein noch weitaus längerer ist. Viele von der Topographie und der Hydrologie begünstigten möglichen Dammbaustellen lagen fast durchweg an Orten, die man nur zu Fuß erreichen konnte und die für schweres Baumaterial unerreichbar waren – es sei denn, man baute zunächst eine Zubringerstraße.

Daß der Bau von wirklichen Hochdämmen, die die nach Süden offenen Himalayatäler „zumauern", um Energie zu erzeugen und die Überschwemmungen von Indien und Bangladesch in den Griff zu bekommen, enorme Kosten mit sich bringt, ist leicht einzusehen. Weniger wird über das Risiko gesprochen, das solche Dämme mit ihrem gewaltigen Stauvolumen in einem seismisch instabilen, also erdbebengefährdeten Gebiet zwangsläufig darstellen. Ebensowenig spricht man darüber, daß die enormen Geschiebefrachten der Himalayaflüsse derartige Staubecken in 25 Jahren füllen und damit wertlos machen können. Obschon viele Millionen US-Dollar in Durchführbarkeitsstudien und Untersuchungen aller Art gesteckt wurden, hat man sich bisher nicht an den Bau solcher Dämme über die drei größten Flüsse Karnali, Gandaki und Kosi gewagt. Dennoch kann man um die Jahrtausendwende mit einer installierten Wasserkraftkapazität von rund 650 MW rechnen.

Tatsächlich werden bis jetzt nur 0,6 Prozent des wirtschaftlich nutzbaren Wasserkraftpotentials in Strom umgesetzt, und nur 5 bis 6 Prozent der Bürger sind an das Stromnetz angeschlossen. Elektrizität deckt nämlich in der Tat nur 0,6 Prozent des nationalen Energiebedarfs. Nach der offiziellen Energiebilanz des Fiskaljahrs 1986/87 werden noch immer 95,7 Prozent des Bedarfs aus sogenannten „traditionellen" Energiequellen gedeckt, und zwar 72,3 Prozent aus Brennholz, 12,6 Prozent aus pflanzlichen und 10,8 Prozent aus tierischen Abfällen. Hier erkennen wir die Zusammenhänge zwischen der Entwaldung Nepals und der Verarmung seiner Böden, weil Pflanzenreste und Tierdung zu einem großen Teil verfeuert werden, statt sie dem Boden zurückzugeben. Demgegenüber wird der kleine Rest von 4,3 Prozent aus sogenannten „kommerziellen" Energiequellen gedeckt, nämlich zu 3,2 Prozent aus Erdölprodukten, zu 0,6 Prozent aus Strom und zu 0,5 Prozent aus Kohle.

Diese eigenartige Energiebilanz wird verständlich, wenn man sich vor Augen hält, daß noch immer über 90 Prozent der Menschen von der Landwirtschaft und auf dem Lande weitab von jeder modernen Wirtschaft leben und der Transport von kommerziellen Energieträgern sehr teuer (Petroleum) oder ohne erhebliche Investitionen überhaupt unmöglich ist (Elektrizität). Man hat in der offiziellen Energiepolitik deshalb schon seit Jahren beträchtliches Gewicht auf die Förderung von kleinen, örtlichen Wasserkraftwerken, Wassermühlen und anderen „alternativen" Energiequellen gelegt. Heute finden wir in Nepal Hunderte kleiner Hydrogeneratoren, Biogasanlagen, in geringerem Umfang auch Sonnenkollektoren und Sonnenwassererhitzer. Immer wieder wird über neue Erfindungen etwa in Form von holzsparenden Kochstellen, den Einsatz von Biogas zur Stromerzeugung und dergleichen berichtet, aber man sollte sich keinen Illusionen hingeben.

Zunächst einmal ist es überhaupt schwierig, derartige Geräte populär zu machen. Ein großer Teil dieser Anlagen fällt darüber hinaus nach kurzer Zeit aus der Produktion, weil sie niemand reparieren kann. Häufig kommt es auch zu Streitigkeiten über Besitzansprüche am Standort, am Rohstoff oder am Gerät. In vielen Fällen müßte zunächst die heterogene Dorfgesellschaft auf die neue Technologie eingeschworen werden, ehe sie auf Dauer funktionieren kann; dafür aber ist niemand zuständig.

Kommerzielle Energie, vor allem Elektrizität, ist vornehmlich für den nicht-landwirtschaftlichen Sektor, also für Industrie, Dienstleistungsgewerbe, Verkehr und dergleichen bestimmt. Seit Jahrzehnten aber dient sie überwiegend der Hebung der Lebensqualität derer, die sie sich leisten können. Auch heute werden noch 50 Prozent der erzeugten Elektrizität von Haushalten und nur 36 Prozent von der Industrie verbraucht.

Trotz aller Bemühungen wird der weitaus größte Teil der Bevölkerungen ihren Energiebedarf auch in Zukunft aus den Wäldern und dem, was davon übriggeblieben ist, decken. Der Aufforstung und vor allem den dörflich in Eigenverantwortung gepflanzten Gehölzen (*Panchayat forests* oder *Community forests*) kommt daher allergrößte Bedeutung zu. Denn um neue Energieträger wie Petroleum oder Flüssiggas, die den Wald schonen würden, einzuführen, bedarf es erstens der erforderlichen Kaufkraft vor Ort und zweitens preiswerter Transportmöglichkeiten. An beidem fehlt es.

4. Straßen, Wege, Pfade

Der Verkehrswirtschaft kommt deshalb aus verschiedenen Gründen eine Schlüsselrolle bei der Entwicklung des Landes zu. Über die Jahrhunderte war Nepal, wenn man von einigen wenigen Träger- und Packtier-Traversrouten absieht, die die Verbindung zwischen Indien und Tibet herstellten, kreuz und quer von zahllosen Pfaden durchzogen, die Generationen von Bauern als Träger mit ihren bloßen Füßen in die Hänge und durch die Täler getreten hatten. Recht eigentlich „angelegt" wurden diese Wege nie – sie entstanden einfach. Noch bis in die Mitte dieses Jahrhunderts waren sie die einzigen Verkehrswege des Berglandes, wennschon sie an einigen Stellen aus militärischen Gründen besser ausgebaut waren und etwa von Reitpferden benutzt werden konnten. Pferdewagen konnten

darauf nicht fahren, und der gebietsweise Einsatz von Packtieren, zu denen auch Schafe und Ziegen für den Salz- und
Getreidetransport zählten, war der Gipfel der Transporttech-
nologie.

Im Terai war die Lage etwas günstiger. Hier konnten Ochsen-
gespanne die im Winter staubigen und im Sommer schlammi-
gen Karrenwege benutzen, um etwa die Endstationen der indischen Eisenbahn jenseits der Grenze zu erreichen. Zwar
hatte man versucht, diese an zwei Stellen nach Nepal hinein
zu verlängern, aber es ist davon nicht viel übriggeblieben.
Auch die Material-Seilbahn, die man noch 1928 vom Terai ins
Tal von Kathmandu baute, verfiel mangels Instandhaltung und
wurde erst 1960 durch eine neue ersetzt. Wenn im Tal einige
Kraftwagen fuhren, die der herrschenden Ranafamilie gehörten, so waren diese zusammen mit anderen Luxusgütern wie
Spiegeln, Kronleuchtern, Konzertflügeln und Generatoren

Abb. 11: Der Transport von Gütern geht im Bergland traditionell auf Trägerrücken vor sich; das Packtier wird nur in wenigen Gegenden benutzt.

Abb. 12: Außerhalb der wenigen befestigten Straßen ist im Terai der Ochsenkarren das zuverlässigste Verkehrsmittel in der Trocken- und in der Regenzeit.

zuvor auf Trägerrücken über die Mahabharat-Berge transportiert worden. So sah der Verkehrssektor aus, als Nepal 1950 in die Neuzeit eintrat.

Das erste moderne Verkehrsmittel, das das rings von Bergen eingeschlossene Kathmandu-Tal nicht auf Trägerrücken erreichte, war das Flugzeug, das hier erstmals im Jahr 1949 landete, während es noch mindestens sieben Jahre dauerte, bis ein Automobil die Hauptstadt aus eigener Kraft ansteuerte. Die indische Armee hatte als „Entwicklungshilfe" eine Straße von 115 km Gebirgsstrecke gebaut, um eine Distanz von effektiv 35 km zu überbrücken. Und so war es auch im Tal von Pokhara das Flugzeug, das 1952 als erste Maschine landete und 1959 den ersten Geländewagen auslud. 1961 wird als das Jahr genannt, an dem der erste Ochsenkarren, der ebenfalls per Flugzeug gekommen war, seinen Weg durch Pokhara nahm.

Seitdem hat die Verkehrspolitik des Königreichs im In- wie Ausland ehrgeizige Ziele erreicht. Es gibt heute 2724 km Asphalt-, 918 km Schotter- und 2283 km Erdstraßen einschließlich einer Straßenverbindung nach Lhasa (Tibet). Die Royal Nepal Airlines Corporation trägt die Farben Nepals bis Hongkong im Osten und London im Westen. Dreiundzwanzig Flugplätze im Inland werden planmäßig und zwölf Flugfelder saisonal angeflogen. Die Zahl der in Nepal zugelassenen Kraftfahrzeuge hat sich von einigen wenigen im Jahre 1950 auf heute 43 000 allein in der Bagmati-Zone vergrößert.

Finanziert wird der Straßenbau vor allem durch ausländische Hilfe, wobei Indien und China an der Spitze stehen, gefolgt von den U. S. A., Großbritannien, der Sowjetunion und der Schweiz. Inzwischen geht die Ost-West-Fernstraße (Mahendra Highway) ihrer Vollendung entgegen, und etliche Abschnitte müssen bereits wieder von Grund auf instandgesetzt werden. Das gilt auch für die Verbindung Kathmandu-Pokhara (Prithwi Highway), Pokhara-Terai (Siddhartha Highway), und die „Chinese Road" (Arniko Highway), die zur tibetischen Grenze bei Kodari führt.

Technisch hat dieser Straßenbau die Ingenieure vor erhebliche Probleme gestellt und die Instandsetzungstrupps in Atem gehalten. Das junge, weitgehend entwaldete Gebirge erwies sich als äußerst instabil, und die durch den Bau und die Benutzung der Straßen ausgelösten Erdrutsche dürften in absehbarer Zeit nicht aufhören. Selbst die mit hervorragender technischer Sachkenntnis angelegten Bergstraßen, wie die chinesische Kodari-Road und die schweizerische Lamosangu-Jiri-Road, waren vor solchen Katastrophen nicht gefeit. Vor allem die Strecke vor der tibetischen Grenze durch die Schlucht des Bhote Kosi ist so anfällig, daß hier der Verkehr durch herabrutschende Erdmassen oder wegen von Fluten weggerissener Brücken gelegentlich monatelang zum Erliegen kommt. Angesichts der weiteren Planungen für Straßen quer durchs Bergland (z. B. die Strecke Pokhara-Surkhet), darf man davon ausgehen, daß der Bau und vor allem die Instandhaltung dieser Verkehrsträger ein „Jahrhundertwerk" wird. Im Terai liegen die Dinge technisch etwas anders, wenn auch nicht weniger schwierig. Statt der Erdrutsche haben wir es hier mit alljährlich wiederkehrenden Überschwemmungen und Flußbettverlagerungen zu tun, die einen enormen Aufwand beim Brükken- und Dammbau verlangen; all die großen und kleinen Flüsse des Landes, die das Terai von Nord nach Süd queren, muß die Ost-West-Fernstraße überwinden.

Fragt man sich allerdings, ob die Menschen in den nun an das Straßennetz angebundenen Regionen mehr und vielfältiger produzieren, ob sich ihre Einkommensverhältnisse gebessert haben, ob sich zwischen den reicheren und ärmeren Gebieten und Personengruppen ein Ausgleich eingestellt hat, so ist die Antwort durchweg enttäuschend.

Die Existenz einer Straße hat sicherlich den Zugang zu ihrem Einzugsgebiet erleichtert. Busse und Lastwagen tauchen jetzt da auf, wo bisher nur Fußgänger und Träger das Bild und die Wirtschaftsstruktur bestimmten; Regierungsvertreter sehen nun öfter da „nach dem Rechten", wo sie früher vielleicht alle paar Jahre einmal erschienen; die Kaufläden bieten jetzt Petroleum, Bier, Coca Cola und dergleichen an, das früher kaum oder niemals den Weg hierher fand und viel teurer war. Aber es werden jetzt auch die billigen indischen Industrieerzeugnisse eingeschleust, die manchen dörflichen Handwerker um seinen Marktanteil bringen.

Auf der anderen Seite erleichtert die Straße den Abfluß von Gütern ebenso wie den von Menschen. Die Stadt rückt näher, und mancher junge Bauer verweigert seine Mitarbeit an gemeinschaftlichen Dorfentwicklungsprojekten, weil er glaubt, er könne in der Stadt auf angenehmere Weise Geld verdienen. Ermutigt man die Bauern, marktgängige Güter wie Gemüse und Obst zu produzieren, so sind sie oft den Händlern ausgeliefert, die ihren Profit maximieren möchten, so daß ihre zusätzliche Mühe nicht viel einbringt. Auch der Abtransport der Ressourcen wie Erze oder das letzte Rundholz geht auf der Straße leichter vor sich, ohne daß die Bevölkerung der Region einen Vorteil davon hätte. Selbst aus *food deficit districts* fließt noch Nahrungsgetreide ab, weil man im Rahmen einer „Marktintegration" Bargeld braucht.

In vielen Fällen schuf nur der Bau der Straße selbst temporär zusätzliches Einkommen, während ihre Existenz, wie so oft bei „Entwicklungsprojekten", den Transportunternehmern, Händlern und den wohlhabenden Bauern Vorteile brachte. Es ist hier nicht der Ort, diesen Dingen im einzelnen nachzugehen; man sollte aber verstehen, daß die Formel „Ohne Straße keine wirtschaftliche Entwicklung" einen komplexen Sachverhalt unzulässig vereinfacht. Dessenungeachtet wird der Straßenbau im Bergland Nepals planmäßig weitergehen.

Man sollte auch nicht verkennen, daß er nach wie vor nur einen kleinen Teil des Königreichs wirklich berührt. In den weitaus größten Gebieten des Landes bestimmen unverändert Träger und bestenfalls Packtiere das Bild. Hier wird es auch in der absehbaren Zukunft darum gehen, das Wegenetz vor allem durch den Bau von stabilen Hängebrücken zu verbessern und den Menschen so auf „angepaßte" Weise das Leben zu erleichtern.

5. Bergbau, Industrie, Gewerbe

Das nepalische Bergland ist reich an kleinen Lagerstätten von Metallerzen wie Eisen, Kupfer, Zink und Blei, und man spricht auch von Gold- und Silbervorkommen; ferner werden unter anderem Glimmer, Magnesit und verschiedene Steine und Erden genannt. Große Hoffnung wird auf Erdgas und Erdöl gesetzt. Aber der größte Teil der noch wenig erforschten Lagerstätten ist klein, weit im Bergland verstreut und liegt abseits jeder modernen Transportverbindung. Die Erze sind überwiegend arm. Mitte der 1980er Jahre wurden zwei Tonnen metallisches Kupfer im zentralen und östlichen Bergland produziert und etwa 20 000 t Magnesit in Kharidhunga an der Straße Lamosangu-Jiri für den Export gefördert. Bei den übrigen statistisch erfaßten Bergbauprodukten handelt es sich um

Kalk für die Herstellung von Düngekalken, Zementkalkstein, Lehme, Talkum und Lignit. Letzteres gehört zu den verstreut liegenden, sehr jungen Kohlen, also auch Torfen und schlechten Braunkohlen, die örtlich zum Hausbrand genutzt werden, als industrielle Brennstoffe aber keine Rolle spielen werden.

An einigen Orten im Terai, im Kathmandu-Tal und bei Muktinath (Distrikt Mustang) entweicht Erdgas, und am Rande der Hauptstadt wurde bereits eine kleine Gasfabrik auf einem solchen Vorkommen errichtet, die 400 t im Jahr produziert. Im ganzen besteht derzeit noch wenig berechtigte Hoffnung, auf größere Erdgas- oder gar Erdölvorräte zu stoßen, doch vergab die Regierung Konzessionen, und im Sommer 1989 sollen erste Versuchsbohrungen im Terai niedergebracht werden.

Der Aufbau und die Förderung der gewerblichen Wirtschaft, insbesondere der Fertigungsindustrie, ist seit einigen Jahrzehnten Bestandteil der nepalischen Entwicklungspolitik. Angesichts einer weiter wachsenden Bevölkerung, schrumpfender Bodenreserven und rückläufiger Flächenerträge bleibt sie neben den Dienstleistungen die einzige echte Alternative des Broterwerbs außerhalb des Agrarsektors.

Bei der Beurteilung der gewerblichen Wirtschaft Nepals muß man aber zwischen dem modernen Industriesektor und der dörflichen und städtischen Heim- und Kleinindustrie *(cottage industry)* unterscheiden. Moderne Industriebetriebe, die mindestens zehn Personen beschäftigen oder/und entwickelte Technik benutzen, wurden beim letzten Industriezensus (1981) mit 4903 Unternehmen und einer Beschäftigtenzahl von 81050 beziffert, was wenig mehr als 1 Prozent der wirtschaftlich aktiven Bevölkerung über 10 Jahre entspricht. Im Industriezensus von 1987/88 wurden 9359 Betriebe mit 152579 Beschäftigten gezählt, was 1,8 Prozent der aktiven Bevölkerung entspricht. (TRN, 24. 11. 1988)

Die Unternehmen, die in so unterschiedlichen Branchen wie der Weiterverarbeitung agrarischer Rohprodukte (allein 70 Prozent der Betriebe), der Herstellung alkoholischer und alkoholfreier Getränke, von Ziegeln, Schuhen, synthetischen

117

Textilien, Plastikartikeln und Gefäßen aus rostfreiem Stahl, von Sperrholz und Zement tätig sind, haben ihre Kapazität bis heute kaum jemals voll ausgeschöpft. Berichte aus der ersten Hälfte der 1980er Jahre sprechen von einem Mittelwert von 66 Prozent der Kapazitätsauslastung bei Staats- ebenso wie bei Privatunternehmen. Dessenungeachtet wird gemeldet, daß Nepal als Folge der Industrialisierungspolitik in einer ganzen Palette von Produkten des Grundbedarfs den Zustand der Selbstversorgung erreicht habe. Das gilt etwa für gewisse Backwaren, Obstkonserven, Bier und andere Getränke, Teigwaren, Holz- und Metallmöbel, Moniereisen, Kunststoffröhren, Gummisandalen und Plastiktüten, Trockenbatterien, Waschseife und etliche Artikel des Bürobedarfs.

Der Versuch, ausländisches Kapital zur Gründung von Partnerschaftsunternehmen *(joint ventures)* anzulocken, hatte bislang nur bescheidenen Erfolg. Von 30 abgeschlossenen Verträgen beziehen sich 28 auf indische Partner, die sich nicht unbedingt in importsubstituierenden, exportfördernden oder den Grundbedarf befriedigenden Branchen – die Hauptprioritäten der nepalischen Industrialisierungspolitik – engagieren möchten.

Noch steht Nepal bei seinen Bemühungen um industriellen Aufbau vor strukturellen Schwierigkeiten, die, wenn überhaupt, nur langfristig überwunden werden können. Dazu gehört zunächst seine geographische Lage als Binnenstaat, der jederzeit (wie die jüngste Erfahrung lehrt) von Indien blockiert werden kann. Sein Zugang zum Meer hängt von der Gnade des südlichen Nachbarn ab. Da ist ferner seine Topographie, die es schwer macht, Menschen und Güter im Lande zu befördern, während sie gleichzeitig indischen Waren einen leichten Zugang gestattet. Die Rohstoffbasis des Landes ist schmal, und die Erhöhung der Produktion agrarischen und forstlichen Rohmaterials wird bald nur noch auf Kosten der Nahrungsmittelerzeugung möglich sein. Zwar sind die Energiereserven des Landes enorm, aber ihre Mobilisierung erfordert gewaltige Investitionen, die das Land nicht aus eigenen Mitteln aufbringen kann.

Selbst wenn alle diese Schwierigkeiten durch technische und vertragliche Hilfe überwunden werden könnten, so bleibt der menschliche Faktor in Gestalt von mangelhaftem Management und fehlenden Fachkräften auf allen Ebenen als Problem bestehen. Die neuere Diskussion um die Privatisierung der defizitären und schlecht geführten Staatsbetriebe stößt sich an der Frage, ob denn die Privatbetriebe des Landes um so vieles besser geführt werden als die öffentlichen. Hier wie dort bedarf es noch der Ausbildung und der Erfahrung wenigstens einer ganzen Generation. Es scheint tatsächlich noch zu früh für Nepal zu sein, in voller Breite ins Industriezeitalter einzutreten.

Als Alternative und zugleich als eine Art Zwischenstufe bietet sich hier nun die Klein-, Dorf- oder Heimindustrie *(cottage industry)* an. Es handelt sich dabei um kleinste Einheiten, die auf der Basis vor allem heimischer Rohstoffe und unter Berücksichtigung der örtlichen Nachfrage, aber durchaus auch für den Markt Güter und Dienste produzieren. Auf diese Weise wird zusätzliches Einkommen geschaffen und oftmals die tote Jahreszeit in der Landwirtschaft produktiv überbrückt. 1987 waren bei dem zuständigen Department mehr als 31 000 solcher Betriebe mit mehr als 162 000 Beschäftigten registriert, deren jährlicher Produktionswert mit Rs 5,6 Mrd. veranschlagt wird. Man nimmt aber an, daß etwa 300 000 Personen im formellen und vielleicht 1 Million im informellen Sektor beschäftigt sind. Wenn heute 11 Prozent der heimischen Produktion aus dem Industriesektor kommen, so entfallen allein 6 Prozent auf solche Klein- und Heimindustrien. Zur Förderung dieses Zweiges werden alljährlich Aus- und Weiterbildungskurse für Textilverarbeiter, Mechaniker, Schreiner, Installateure, Teppichknüpfer, Bambus- und Rattanverarbeiter und vieles andere mehr durchgeführt.

Es scheint, daß der Weg zur Industrialisierung Nepals über diese kleinen, überschaubaren Betriebe führt. Hier können sich künftige Manager und Techniker das Rüstzeug holen, das es ihnen oder ihren Kindern ermöglicht, später einmal „im Großen" einzusteigen. Der neuerdings benutzte Begriff des „Barfußkapitalisten" (G. Sornam) scheint sich hier anzubieten.

6. Chancen und Gefahren des Tourismus

Die herausragende Branche in der Dienstleistungswirtschaft Nepals ist der Fremdenverkehr. Als in den 1950er Jahren die ersten Touristen in einer alten Dakota landeten und die einzige Unterkunft in Boris' „Royal Hotel" ansteuerten, und auch als 1961 ganze 4600 Fremde das Land besuchten, konnte niemand ahnen, daß sich ihre Zahl in fünfundzwanzig Jahren mehr als verfünfzigfachen würde. 1988 zählte man 265 883 Touristen, ihre Ausgaben wurden mit 37 Prozent der Deviseneinnahmen angegeben (L. D. Rai, TRN 18. 8. 88). Ziel der gegenwärtigen Regierungspolitik ist es deshalb, die Zahl der Einreisenden bis zum Jahre 2000 auf eine Million zu bringen. Wie ist diese Entwicklung zu bewerten?

Für den Nepali gibt es nur zwei Gründe, um zu reisen: als Pilger heilige Stätten zu besuchen oder aber in Geschäften unterwegs zu sein. Hinzu kommen die Dienstreisen der Beamten. Wenn es für den frommen Hindu auch der größte Wunsch ist, einmal Varanasi (Benares) zu besuchen und im Ganges zu baden, so müssen sich die meisten doch mit heimischen Zielen wie Devghat im Terai, Pashupatinath im Kathmandu-Tal oder Muktinath nördlich der Annapurnakette zufriedengeben. Je mehr solcher Orte besucht wurden, je strapaziöser die Reise war, um so größer ist das Verdienst. An bestimmten Feiertagen kann man Tausende von Pilgern auf den Pfaden und an den zahlreichen heiligen Stätten des Landes sehen. Sie kommen gewöhnlich in Pilgerherbergen *(dharmsalas)* unter, die von Stiftungen oder Spendern neben Tempeln, Klöstern oder wichtigen Märkten errichtet wurden und oft Jahrhunderte alt sind. Viele von ihnen sind heute verfallen oder anderen Zwecken zugeführt worden.

Der Kaufmann und seine Träger beleben die Pfade während des ganzen Jahres. In der Regel übernachten sie, wenn nicht im Freien, bei Verwandten oder Freunden, in privaten Unterkünften, die einige Bauern (häufig Thakalis) zusammen mit einer Strohmatte, dem Abendreis und dem Morgentee gegen Bezahlung zur Verfügung stellen. Für reisende hohe Beamte hatte der Staat schon früh gut ausgestattete Regierungsgästehäuser an schönen Orten eingerichtet. Auch von ihnen sind viele schon hundert Jahre alt und in beklagenswertem Zustand. Der Umstand, daß dieser Personenkreis heute mit dem Flugzeug reist und abends wieder daheim ist, hat den Gebäuden ihre Existenzgrundlage entzogen. Der kleine Beamte indessen, der seine Reise in die Distriktstädte und Dörfer zu Fuß macht, ist auf die Regierungsrasthäuser angewiesen, von denen es vor Zeiten ein ganzes Netz gab. Aber auch ihnen fehlt es an Ausstattung und Unterhalt. (J. Amatya, TRN 11. 2. 1989)

Diese traditionellen Formen der Unterkunft waren für den verwöhnten ausländischen Touristen weder geeignet noch zugänglich, während sie der im Lande reisende Berater gelegentlich in Anspruch nahm, wenn er es nicht vorzog, sein eigenes Zelt mitzuführen. Und so stellte sich die Frage der Unterbringung mit wachsender Touristenzahl neu.

Zwei Drittel der Nepal-Touristen der Gegenwart gehören zur Altersgruppe der 16- bis 45-jährigen, und ein Drittel von ihnen ist weiblich. 85 Prozent erreichen das Land mit dem Flugzeug, der Rest kommt auf dem Landwege meist über Indien. 70 Prozent der Besucher wollen nur ihre Ferien hier verbringen oder hängen einen Kurzaufenthalt an ihren Indienbesuch an, während ein Fünftel Trekkingtouristen oder Bergsteiger sind. Ihre Zahl wurde 1988 mit nahezu 50 000 angegeben, und ungefähr einhundert Bergsteigergruppen ziehen jährlich zu den Schneegipfeln. (L. D. Rai, a. a. O.)

Nun ist Nepal ohne Frage ein Land, das für die verschiedenen Interessen fremder Besucher wie geschaffen ist. Die vielfältige natürliche Schönheit des Gebietes, das von den Dschungeln des Terai mit ihrem reichen Tierleben über die Berge, Täler und Flüsse bis zum Hochgebirge mit ewigem Schnee reicht und eine Fülle von Pflanzen und Tieren einschließt, ist nur eine Seite. Die Dörfer und Städte mit ihren freundlichen Menschen, unterschiedlichen Sprachen, Trachten und Sitten ist eine andere. Eine dritte Seite, und sicher nicht die unwichtigste, ist die kulturelle. Nepal, wo sich Hinduismus und Buddhismus treffen und gegenseitig befruchten, besitzt eine solche Vielfalt von Sakral- und Profanbauten, heiligen Orten, Festen und Riten, daß ein einziger Aufenthalt allein nicht ausreicht, um auch nur eine Vorstellung von dieser Fülle zu bekommen. Das geographische, soziale und kulturelle Bild Nepals ist in seiner Farbigkeit sicher einmalig in der Welt.

In diese festgefügte, traditionsverhaftete, über Jahrhunderte unberührt gebliebene Welt bricht nun eine Viertelmillion (und wenn es nach dem Wunsch der Politiker geht: eine Million) Fremde aus Kulturkreisen ein, wie man sie sich gegensätzlicher nicht vorstellen kann. Nepal hat in den 1960er Jahren einige hundert Berater und Entwicklungshelfer ohne Mühe bewältigt. Es hat in den 1970er Jahren Tausende von Hippies und Drogenabhängigen über sich ergehen lassen, wenn auch nicht ohne beträchtlichen Schaden für die nepalische Jugend, unter der es heute an die 20 000 Abhängige gibt. Und es muß nun in den 1980er Jahren den Massentourismus verarbeiten. Erstaunlicherweise scheint der Nepali, der „Mann auf der Straße", all das relativ unbeschadet überstanden, seinen Gleichmut bewahrt und seine Freundlichkeit erhalten zu haben. Das allerdings ist nur Fassade.

Betrachten wir zunächst die geographische Seite. Bei 50 000 Trekkinggenehmigungen im Jahr bedeutet das, daß wenigstens 40 000 Fremde über die Bergpfade und durch die Dörfer wandern. Da man bei 15 000 „organisierten" Trekkern mit vier Trägern pro Wanderer rechnet, so marschieren ca. 100 000 Menschen durch die fragile Ökologie, verbrauchen Brennholz und lassen Abfall zurück. Bedenkt man weiter, daß sich der größte Teil dieser Bergwanderer auf zwei Gebiete – die Sagarmatha/Mt. Everest- und die Annapurna-Region – konzentriert, so wird der Druck auf die Umwelt besonders deutlich. Gewiß ist das Bewußtsein darüber in den letzten Jahren durch die Bemühungen von Personen und Organisationen geschärft worden, und zahlreiche Schutzmaßnahmen wurden ergriffen, aber das Problem bleibt.

Auf der sozialen Seite haben wir die Kontakte zwischen

den in ihrer Tradition verhafteten und lange isolierten Einheimischen und den so gänzlich anders gearteten Fremden. Es hat sich weltweit gezeigt, daß vor allem die Unwerte des „Westens" begierig in den Ländern der Dritten Welt angenommen und sehr bald gefordert werden. Durch die Besuche der Fremden werden Wünsche und Vorstellungen geweckt, die – ohne den Verlust der eigenen Identität – in absehbarer Zeit niemals erfüllt oder realisiert werden können. „Es ist unbestritten", heißt es in einer Empfehlung des Antirassistischen Arbeitskreises (ARA), „daß über den Tourismus die materielle Lebensgrundlage einer Reihe von Menschen verbessert werden kann. Daß dies geschieht, ist auch wünschenswert. Leider ist nur der materielle Wohlstand sofort sichtbar und meßbar, während es andere Güter wie Lebensqualität, Zufriedenheit und Glück nicht sind." (Fremdenverkehrswirtschaft, 12/1987)

Der Tourismus weckt bei den Nepalis Hoffnungen auf schnell zu verdienendes Geld. Manche Gemeinde in den Bergen bereitet sich durch den Bau von Herbergen, die Einrichtung von Speisehäusern und dergleichen auf diese Chance vor. Andererseits verlassen Bauern ihre Felder, um sich als touristische Träger zu verdingen; Kinder schwänzen die Schule, um sich als „Fremdenführer" an die Besucher im Tal zu hängen; andere werden von ihren Eltern zum Betteln angehalten; mancher Nepali läßt seinen Landsmann stehen, wenn er bei Fremden einen Dollar wittert. Der Minister für Tourismus äußerte sich 1988 dahingehend, daß die meisten Devisen, die aus dem Tourismus fließen, wieder ausgegeben werden, um die Güter und Dienste im Ausland einzukaufen, die der Tourist erwartet. Solange es also nicht gelingt, den überwiegenden Teil des Touristenbedarfs aus dem eigenen Land zu decken, täuschen die Einnahmen aus dem Fremdenverkehr über ihren tatsächlichen Wert für Nepal hinweg. (TRN, 8.9.1988)

Bleibt ein Blick auf die kulturelle Seite. Auch hier gibt es Licht und Schatten. Die Nachfrage der Touristen nach Erinnerungsstücken hat das fast erloschene Kunsthandwerk Nepals in den letzten zwanzig Jahren deutlich belebt, und die Erkenntnis, daß viele kommen, um die Städte und Tempel zu sehen, hat zu einer Welle der Restaurierung verfallender Gebäude geführt. Beides hat Arbeit und Einkommen geschaffen. Das Interesse der Besucher am religiösen Leben Nepals ist gut und verständlich, wenn es auch oft indezente Formen annimmt. Wer in Massen auftritt, wird schnell zum „Zoobesucher". Schließlich ist das Aussehen und Verhalten vieler Billig- oder Rucksacktouristen, das anfangs von den Nepalis amüsiert beobachtet wurde, allmählich zum Ärgernis geworden. Auch läßt sich die Jugend Kathmandus oft durch das schlechte Beispiel beeindrucken.

Das illegale Geschäft mit sakraler Kunst und Antiquitäten, die Plünderung der Tempel und Schreine, die heute durch Gitter geschützt werden müssen, ist den Touristen nur marginal anzulasten. Hier hat der internationale Kunsthandel die Hand im Spiel und bedient sich gewissenloser Einheimischer.

Die Entwicklung des Tourismus kann zwar nicht aufgehalten werden, aber wünschenswert wäre mehr Qualität vor Quantität: Besucher, die das Land und seine Menschen unaufdringlich auf sich wirken lassen und bereit sind, dafür einen angemessenen Preis zu bezahlen, wären nicht nur ein Gewinn für Nepal, sie könnten auch das stark beschädigte Ansehen der Menschen aus dem fernen „Westen" wieder herstellen.

7. Eine ungewisse Zukunft

Will man die Zukunftschancen Nepals einschätzen, so dürfen zwei Fakten nicht außer Acht gelassen werden. Erstens haben wir es mit einem Naturraum zu tun, der überwiegend von einem sehr jungen Gebirge gebildet wird; er hat seine endgültige Form noch nicht gefunden und ist in steter Veränderung begriffen. Diese Veränderungen reichen von der starken Sedimentführung der Flüsse als Folge eines natürlichen, durch menschliche Eingriffe geförderten Erosionsprozesses bis hin zu häufigen Erdstößen und -beben, die gelegentlich zu beachtlichen Zerstörungen von Bausubstanz, Straßen, Brücken und Wehren führen.

Zweitens haben wir es mit einer rasch wachsenden Bevölkerung zu tun, an der alle bisherigen Bemühungen um die Propagierung einer verantwortlichen Elternschaft (Familienplanung) spurlos vorübergegangen sind. Mit einem jährlichen Zuwachs von gegenwärtig 2,66 Prozent wird das Land in der Gruppe der südasiatischen Staaten nur von Pakistan mit 3,1 Prozent übertroffen und dürfte um die Jahrtausendwende nicht weniger als 30 Millionen Einwohner haben. Sicher kann man die fortpflanzungsfreudige Haltung der Bevölkerung erklären und sogar Verständnis dafür aufbringen, sie steht aber einer erfolgreichen Entwicklungspolitik und damit einer günstigen Zukunft des Landes im Wege.

Wenn eine wachsende Bevölkerung mit sinkenden Flächenerträgen zusammentrifft, kann nur eine Änderung der Wirtschaftsweise eine Katastrophe verhindern. Eine Ausdehnung der Kulturfläche auf Neuland ist nur auf Kosten der Wälder möglich, aber schon die bisherige Entwaldung hat das zulässige Maß weit überschritten und die beschriebenen Katastrophen ausgelöst oder zumindest gefördert. Das Gebot ökologischer Vernunft würde im Gegenteil eine Reduzierung der Kulturfläche zugunsten einer Wiederaufforstung verlangen. Eine andere Möglichkeit wäre die Intensivierung der Landnutzung auf der gleichen oder sogar geringeren Fläche. Hier liegen durchaus Reserven in der Anwendung von Edelsaatgut, Düngung, Pflanzen- und Ernteschutz sowie Bewässerung, wobei natürlicher Düngung und biologischem Pflanzenschutz der Vorzug zu geben wäre. Nepal hat auf diesem Gebiet durchaus einige Erfolge erzielt, die jedoch die steigende Nachfrage durch eine wachsende Bevölkerung nicht auffangen konnten.

Hier muß noch einmal auf ein Hauptproblem hingewiesen werden, das das größte Hindernis nahezu aller Agrarprogramme in der Dritten Welt ist: die Bodenbesitzverhältnisse. Von einem Bauern, der fremdes Land bewirtschaftet und einen beträchtlichen Teil seiner Ernte an den Grundeigentümer abgeben muß, ohne daß dieser sich an seinen Investitionen beteiligt, kann man einfach nicht erwarten, daß er den technisch noch so einleuchtenden Vorschlägen der Berater folgt. Ehe also dem Bauern nicht ein wachsender Anteil an seiner Mehrproduktion sicher ist, bleiben alle Bemühungen um eine Produktionssteigerung seitens der Agrarpolitiker vergebens. Die Jugend sieht auf dem Lande keine Zukunft für sich, und viele Bauern wandern ab. Dabei lassen sie ein weitgehend ausgelaugtes Land zurück, das sich mangels Stabilisierungsmaßnahmen nur dem allgemeinen Erosionsprozeß anschließen kann.

Was dem Land bleibt, ist der nicht-landwirtschaftliche Sektor. Der Umstand, daß einige Millionen Nepalis im Ausland, vor allem in Indien, arbeiten und ihre Familien durch Geldüberweisungen unterstützen, zeigt, daß Nepal offensichtlich auch in diesem Sektor nicht genügend Arbeitsplätze anzubieten hat. Die bisherigen Bemühungen um die gewerbliche Wirtschaft und den Dienstleistungssektor haben es jedenfalls nicht vermocht, alljährlich 150 000 bis 200 000 Menschen zusätzlich produktiv einzugliedern.

Große Industrieanlagen bieten in der Regel weniger Arbeitsplätze an als viele Kleinunternehmen. Das Argument, daß Großbetriebe wirtschaftlicher arbeiten und sich eher der ausländischen Konkurrenz mit Erfolg stellen können, mag richtig sein. Es trägt aber nicht zur Lösung des Beschäftigungs- und Einkommensproblems in Nepal bei. Solange billige indische Industrieprodukte den nepalischen Markt überschwemmen, haben die meisten heimischen Unternehmen, große wie kleine, nur eine geringe Chance. Hier die heimische, arbeitsintensive Wirtschaft wenigstens für einen angemessenen Zeitraum zu schützen, dürfte das Gebot der Stunde sein.

Sicher wird man auch in Zukunft von Großmaßnahmen wie Staudämmen und Wasserkraftanlagen, Industrien und einer Million Touristen ausgehen. Das Ziel der Grundbedürfnisbefriedigung kann so aber nicht erreicht werden. Dorthin führt der Weg über örtliche und regionale Maßnahmen zur Nahrungs-, Güter- und Energieerzeugung, über die Mitbeteiligung der lokalen Bevölkerung an Planungen, Entscheidungen und Durchführung von Maßnahmen, so daß nach und nach eine Region, ein Gebiet nach dem anderen genügend erzeugt und seine Bewohner ein menschenwürdiges Leben führen können.

Ohne eine strikte Bevölkerungskontrolle und ohne einen erheblichen Wandel im Denken und Handeln der Verantwortlichen wird jedoch die Zerstörung und Verarmung Nepals weitergehen. So gilt auch hier, was eine malaysische Umweltorganisation einmal schrieb: *„See the Third World while it lasts"* – Besuchen Sie die Dritte Welt, solange es sie noch gibt ...

Anhang

1. Zeittafel

ca. 700 v. Chr.	Beginn der Kiranti-Dynastie
ca. 563 v. Chr.	Geburt Gotamas, des historischen Buddha
ca. 250 v. Chr.	Kaiser Ashoka besucht Lumbini
1. Jh. v. Chr.	Vermutl. Ursprung von Swayambhunath
ca. 205 n. Chr.	Beginn der Somabansi-Dynastie, Einführung des Kastensystems
ca. 400	Nepal unter der Lichhavi-Dynastie
5. Jh.	Tempel von Pashupatinath wird erbaut
723	Gründung von Kathmandu
750	Thakuri- und frühe Malla-Periode
899	Gründung von Bhaktapur
1201	Gründung der Malla-Dynastie
1349	Muslimische Invasion des Kathmandu-Tals
1382	König Jayasthiti Malla kodifiziert Kastensystem
1480	Malla der Drei Reiche
1559	Gründung der Shah-Dynastie in Gorkha
1723	Prithvi Narayan Shah wird geboren (gest. 1775)
1770	Kathmandu wird Hauptstadt Nepals (Shah-Dynastie)
1846	Beginn der Rana-Herrschaft
1860	Nepal in seinen gegenwärtigen Grenzen
1901	Singha Durbar wird erbaut
1914	Erste Gurkha-Truppen in britischen Diensten
1927	Abschaffung der Sklaverei
1950	König Tribhuvan flieht nach Indien
1951	Rückkehr König Tribhuvans, Ende der Rana-Herrschaft
1955	König Mahendra folgt seinem Vater Tribhuvan auf den Thron
1957	erste allgemeine Wahlen
1962	Einführung des Panchayat-Systems
1972	König Birendra folgt seinem Vater Mahendra auf den Thron
1975	Krönung Birendras, Erklärung der „Friedenszone"

2. Reisetips

Es gibt heute Direktflüge aus der Bundesrepublik Deutschland, ohne daß man in Indien umsteigen muß. Ein Visum läßt man sich zweckmäßig bei der Botschaft in Bonn oder bei einem der Konsulate ausstellen und gegebenenfalls im Lande verlängern. Organisierte Reisen werden von nahezu allen größeren und vielen kleineren Reiseunternehmen angeboten. Impfungen werden zwar nicht verlangt, doch ist ein Schutz gegen Typhus, Kinderlähmung, Tetanus und Hepatitis sowie Malariaprophylaxe für den Süden dringend anzuraten.

Die beste Zeit, Nepal zu besuchen, ist der Winter zwischen November und März, weil dann die Luft klar ist und die Schneeberge sichtbar sind. Nachteilig ist die oft empfindliche Kälte, die Kürze der Tage und der traurige Anblick der meist abgeernteten Felder. Dafür kann man ohne Probleme im Gebirge wandern. In den Regenmonaten zwischen Mai und Oktober sind zwar die Felder grün, aber die Wege oft schwer zu begehen, die Flüsse sind reißend, und das Land ist voller Blutegel. Die Berge sind dann in der Regel wolkenverhangen.

Quartier ist in der Hauptstadt in jeder Preislage zu bekommen und reicht vom 5-Sterne-Hotel mit Spielkasino bis zur „Absteige" für wenige Rupien die Nacht. Im Tal von Kathmandu und in den größeren Orten sind Restaurants aller Güteklassen reichlich vorhanden. Stark begangenen Trekkingrouten kann man heute fast ohne Zelt und Verpflegung folgen, weil es ein entsprechendes Angebot am Wege gibt. Sonst muß das Erforderliche mitgeführt werden, aber in der Hauptstadt können Schlafsäcke gemietet und Konserven eingekauft werden.

3. Sehenswürdigkeiten

Der Besucher beginnt seine Reise gewöhnlich im Tal von Kathmandu, das ihm bereits eine Fülle von Sehenswürdigkeiten bietet. Neben den alten Sakral- und Profanbauten in Kathmandu, Pátan und Bhaktapur sind es die Städte selbst, die mit ihrer Anlage und Bausubstanz noch immer einen guten Eindruck von der alten Newar-Architektur vermitteln. Das Tal mit seinen Dörfern gestattet außerdem, sich ein Bild vom Leben und Arbeiten der Bauern und Dorfhandwerker, der Händler, Träger usw. zu machen, und ist insofern eine Art „Nepal im Kleinen".

Das inzwischen angelegte Straßennetz gestattet es, ohne viel Mühe Teile des Berglandes und praktisch das ganze Terai mit dem Bus zu bereisen. Dabei bietet sich u. a. ein Besuch von Janakpur, einer den Hindus heiligen Stadt, und von Lumbini, dem Geburtsort des historischen Buddha, an.

Reiseunternehmen in der Hauptstadt offerieren Fahrten und Flüge in den Chitwan-Nationalpark im zentralen Terai, wo Fotosafaris auf Nashörner, Krokodile und andere wild lebende Tiere unternommen werden.

4. Trekking

Für das Bergland bis hinauf zum Hochgebirge haben sich im Laufe der Zeit zahlreiche Touren für Bergwanderer (Trekker) bewährt, die entweder von Kathmandu oder von Pokhara aus starten. Dafür ist ein sog. „Trekking Permit" erforderlich, das vom Immigration Office in Kathmandu und Pokhara gegen eine bescheidene Gebühr ausgestellt wird. Der fortschreitende Straßenbau gestattet es, gelegentlich näher an das Ziel heranzufahren, bevor man mit der eigentlichen Fußwanderung beginnt. Besonderer Beliebtheit erfreuen sich zwei Ziele: das Gebiet des Sagarmatha/Mt. Everest (Sagarmatha Nationalpark) und das des Annapurna-Massivs (Annapurna Conservation Area im Süden oder eine Umrundung des Massivs bis zum Tal des Kali Gandaki). Diese Gebiete werden heute im Jahr von mehr als 20000 Wanderern besucht. Es gibt aber auch weniger begangene Pfade, und manche Touren werden mit Schlauchbootfahrten auf den großen Flüssen kombiniert. Wer sich auf eigene Faust nach Nepal begibt, kann sich bei den örtlichen Trekkingunternehmen beraten lassen. Einige Touren beginnen an Orten, die man zweckmäßig anfliegt, um Zeit zu sparen. Als Beispiel sei hier der Rara-See im westlichen Bergland genannt.

5. Sprache und Schrift, Zeitrechnung und Maße

Nepali, eine indogermanische Sprache, die ihre Wurzeln ebenso wie die Schrift Devanagari im Sanskrit hat, ist die Amtssprache und zugleich die *lingua franca* des linguistisch heterogenen Staates. Sie wird nur von der Hälfte der Einwohner als Muttersprache gesprochen. Wer sich der Mühe unterziehen will, Nepali für den täglichen Bedarf zu erlernen, sei auf den Kauderwelsch-Sprachführer „Nepali für Globetrotter" von Gayaka Voßmann (Bielefeld 1986) verwiesen. Der normale Besucher wird sich mit Englisch hinreichend verständigen können, das als erste Fremdsprache in den Schulen gelehrt und in gewissem Umfang Unterrichtssprache ist. Allerdings ist es nützlich, die nepalischen Zahlen zu kennen. Wir entnehmen eine Kurzinformation darüber (siehe im Kasten auf S. 132) dem schon erwähnten Führer „Nepali für Globetrotter" (S. 40).

Der Reisende wird auch durch die in Nepal offiziell gebrauchten Jahreszahlen verunsichert, denn wenn er beispielsweise um 1990/91 das Land besucht, so wird er auf den amtlichen Dokumenten das Jahr 2047 finden.

Das Lernen der Zahlen ist mit das Schwierigste an der Sprache Nepals, und zwar deswegen, weil jeder Zahl ein anderes Wort zugeordnet ist. Es dürfte ausreichen, wenn du die Zahlen von 1 bis 20 und die Zehner beherrschst. Weitere Zahlen kannst du mit dem Wort *ani* (und) bilden. 20 und 4: *bis ani chaar.* Außerdem biete ich dir noch die entsprechenden Schriftzeichen an, damit du zumindest die Zahlen lesen kannst.

0	sunnaa	11	eghaara	30	tis
1	ek	12	baara	40	chaalis
2	dui	13	tera	50	pachaas
3	tin	14	chaudha	60	saathi
4	chaar	15	pandhra	70	sattaari
5	paach	16	sora	75	pachahatter
6	chha	17	satra	80	asi
7	saath	18	athaara	90	nabbe
8	aath	19	unnaais	100	se
9	naau	20	bis	1000	haajaar
10	das	25	pachis		

1	१	6	६	11	११
2	२	7	७	12	१२
3	३	8	८	13	१३
4	४	9	९	14	१४
5	५	10	१०	15	१५

Der Grund dafür ist, daß Ende des 19. Jahrhunderts der Bikram Sambat (B. S.) eingeführt wurde, dessen Jahr um die Aprilmitte beginnt und der unserer Zeitrechnung um 57 Jahre und 8 Monate vorauseilt. Auch beginnen die nepalischen Monate etwa um die Mitte unserer Monate. Die Newars im Tal von Kathmandu haben ihren eigenen Kalender, den Newar (oder Nepal) Sambat (N. S.), der am 20. Oktober 879 unserer Zeitrechnung begann, so daß das newarische Neujahrsfest im Herbst, das nepalische aber im Frühjahr stattfindet. Ein dritter Kalender, der Shakya Sambat, der im Jahr 78 unserer Zeitrechnung begann, wird noch immer von Astrologen für ihre Berechnungen benutzt.

Obwohl das metrische System in Nepal offiziell eingeführt wurde, werden daneben noch immer britisch-amerikanische und örtliche Maßeinheiten benutzt. Es mag nützlich sein, die gebräuchlichsten davon zu kennen. Es gibt Feldmaße (1 bigha = 0,677 ha; 1 ropani = 0,051 ha), Gewichte (1 maund = 37,3 kg, 1 dharni = 2,393 kg), Hohlmaße (1 mana = 0,545 l) und Längenmaße (1 kos = 3,658 km).

6. Feste

Nepal wird gelegentlich als das „Land der Feste" bezeichnet. Einige davon finden an fixen Daten statt, bei vielen religiösen Festen bestimmen aber die Astrologen, wann genau sie zu begehen sind. Die örtlichen Reisebüros können darüber informieren. Als Anhaltspunkt sind die Daten 1988 in Klammern ⟨ ⟩ angegeben.

Shree Panch Prithwi Jayanti: Tag der nationalen Einheit, Geburtstag von König Prithwi Narayan Shah ⟨11. Januar⟩.

Maghe Sankranti: Beginn des heiligen Monats Magh ⟨15. Januar⟩.

Madhav Narayan Mela: Verehrung des Gottes Vishnu ⟨19. Januar⟩.

Basant Panchami: Verehrung der Hindugöttin Saraswati; Winterende ⟨23. Januar⟩.

Maghe Purnima: Zeit der Pilgerreisen, der rituellen Bäder vor allem der Frauen zur Zeit des Vollmonds im Monat Magh.

Tribeni Mela: Pilgern zum Zusammenfluß von Gandaki und Trisuli bei Narayangarh im Januar/Februar.

Losar: Tibetisches Neujahr im Februar.

Maha Shivaratri: Verehrung des Hindugottes Schiwa mit weiten Pilgerreisen und großem Aufwand ⟨16. Februar⟩.

Rastriya Prajatantra Diwas und *Tribhuvan Jayanti:* Demokratietag zur Erinnerung an die Beendigung der Rana-Herrschaft durch König Tribhuvan am 18. Februar.

Fagu Purnima oder *Holi:* Fröhliches Volksfest mit Farbpulver- und Wasserwerfen ⟨3. März⟩.

Ghode Jatra: Pferdefest mit Umzügen der Götterbilder; Pferderennen und dergl. bei der Armee ⟨17. März⟩.

Seto Machhendranath: Verehrung von Padmapani Lokeswara, wobei ein riesiger Kultwagen durch die Stadt gezogen wird ⟨21. März⟩.

Rama Nawami: Geburtstag von Rama, dem Helden des Ramayana-Epos, wird vor allem in Janakpur gefeiert ⟨26. März⟩.

Chaite Dasain: Verehrung der Hindugöttin Bhagvati; Tieropfer im März/April.

Nava Varsa: Nepalisches Neujahrsfest ⟨13. April⟩.

Bisket: Spezielles Fest in Bhaktapur Mitte April.

Rato Machhendranath: Ein dem Seto Machhendranath ähnliches großes Fest in Pátan ⟨20. April⟩.

Matatirtha Snan: Verehrung der eigenen Mutter.

Buddha Jayanti: Verehrung des historischen Buddha ⟨1. Mai⟩.

Dumji: Sherpafest im Juli.

Geburtstag des Dalai Lama: ⟨6. Juli⟩

Ghanta Karna oder *Gathyamuga:* Ritual der Dämonenvertreibung bei den Newars im Juli/August.

Naga Panchami: Verehrung der heiligen Schlange im Juli/August.

Janai Purnima oder *Raksha Bandhan:* Wechsel der hl. Schnur und rituelle Bäder, Auftritt der Zauberer und Heiler ⟨27. August⟩.

Gaijatra: Kuhfest mit Tänzen, Maskierungen, Umzügen, Dramen ⟨28. August⟩.

Pancha Dan: Buddhistisches Fest mit Gaben an die Mönche im August/September.

Krishnastami: Geburtstag des Hindugottes Krishna ⟨3. September⟩.

Gokarna Aunsi: Verehrung des eigenen Vaters.

Teej und *Rishi Panchami:* Reines Frauenfest mit rituellem Bad während zweier Tage ⟨14. September⟩.

Indrajatra: Aufwendiges Fest in Kathmandu während einer Woche ⟨24. September⟩.

Bada Dasain oder *Durga Puja:* Das größte nepalische Fest während zehn Tagen am Ende der Regenzeit mit Tieropfern, religiösen Riten, gutem Essen, neuen Kleidern und dem Spenden von Segen ⟨ab 20. Oktober⟩.

Geburtstag I. M. der Königin Aishwara: ⟨7. November⟩

Tihar und *Laxmi Puja:* Während fünf Tagen werden die Kuh, der Hund und die Krähe verehrt; Lichterfest; Verehrung der Brüder durch die Schwestern ⟨ab 11. November⟩.

Neujahrsfest der Newars: während der Tihar-Tage.

Vivaha Panchami: Hochzeit von Sita und Rama, wird im November/Dezember in Janakpur gefeiert.

Mani Rimdu: Fest der Sherpas im Dezember.

Bala Chaturdasi: Pilgerfahrt nach Pashupatinath, Gebet für die jüngst Verstorbenen ⟨8. Dezember⟩.

Mahendra Jayanti: Verfassungstag (16. Dezember)

Geburtstag S. M. des Königs Birendra: (29. Dezember).

7. Adressen

Botschaft des Königreichs Nepal
Im Hag 15
5300 Bonn 2
Telefon 02 28/34 30 97 und 34 30 99; Telex 8 86 92 97 kali d;
Telefax 02 28/85 67 47.

Königlich Nepalisches Honorar-Generalkonsulat
Hans Viktor Howaldt
Flinschstr. 63
Postfach 60 08 80
6000 Frankfurt (Main) 60
Telefon 0 69/4 08 71; Telex 1 76 99 09 81 uzffm d; Telefax 0 69/4 08 72 35.

Königlich Nepalisches Honorarkonsulat
Ludwig Alexander Greissl
Landsberger Str. 191
8000 München 21
Telefon 0 89/5 70 44 06; Telex 5 21 30 58 lumi d; Telefax 0 89/5 70 13 86.

Königlich Nepalisches Honorarkonsulat
Frau Margot Busak
Handwerkstr. 5–7
Postfach 80 02 06
7000 Stuttgart 80
Telefon 07 11/78 64-6 14; Telex 72 55 11-0 bl d; Telefax 07 11/7 86 46 30.

Königlich Nepalisches Honorarkonsulat
Dr. Ulrich Schmidt
Uhlandstr. 171–172
1000 Berlin 15
Telefon 0 30/8 81 40 49; kein Telex; Telefax 0 30/8 82 59 17.

Botschaft der Bundesrepublik Deutschland
Kanti Path (Kingsway)
P. O. Box 226
Kathmandu (Nepal)
Telefon 22 17 30 und 22 29 02; Telex 08 91 22 13 aakath np
Dienststunden: Montag bis Freitag 9–12 Uhr.

8. Abkürzungen

DFG   Deutsche Forschungsgemeinschaft, Bonn
FAO   Food and Agriculture Organization of the United Nations, Rom
HMG   His Majesty's Government (Offizielle Bezeichnung der Regierung von Nepal)
TRN   The Rising Nepal (Tageszeitung), Kathmandu
UNESCO   United Nations Educational, Scientific and Cultural Organization, Paris

9. Literaturhinweise

Empfehlungen

Als kurzgefaßte, allgemeine Einführung sei das Bändchen „Nepal" von *Ludmilla Tüting* in der Merian-Reihe „Besser Reisen" (Hamburg 1989) genannt, das mit viel Einfühlung in soziale und ökologische Fragen geschrieben wurde.

Einer der neuesten und umfangreichsten Trekkingführer ist „Nepal 1.: Trekking-Routen" von *Stephen Bezruchka* (Kiel 1988).

Als geographische Länderkunden gelten noch immer *Toni Hagen* „Nepal. Königreich am Himalaya", das in Bern erschienen ist und seit 1960 mehrere Auflagen erfahren hat, und *Wolf Donner* „Nepal. Raum, Mensch und Wirtschaft" (Wiesbaden 1972, Neuauflage in Vorbereitung).

Als Kunstführer ist nach wie vor „Nepal. Königreich im Himalaya" von *Ulrich Wiesner* (Köln 1977) zu empfehlen.

Für den an Nepal Interessierten bietet die von der Deutsch-Nepalischen Gesellschaft e. V. im Asia Pacific Center, Kaiser-Wilhelm-Ring 20, 5000 Köln 1, herausgegebene und zweimal im Jahr erscheinende Zeitschrift *„Nepal Information"* aktuelle Meldungen, Berichte, Literatur und Buchbesprechungen.

Benutzte Literatur

Amatya, Shaphalya: Some aspects of cultural policy in Nepal. Paris: UNESCO 1983.

Banister, Judith und Syam Thapa: The population dynamics of Nepal. Honolulu: East-West Population Institute 1981.

Bedenig, Dieter: Nepal. Kathmandu: Tor zum Nepal-Trekking. Köln: DuMont Buchverlag 1983.

Bista, Dor Bahadur: People of Nepal. Kathmandu: HMG 1967.

Boch-Isaacson, Joel M.: Architecture and contruction management in the highland and remote areas of Nepal. Kathmandu: Sahayogi Press 1987.

Filchner, Wilhelm: Ein Forscherleben. Wiesbaden: Eberhard Brockhaus 1950.

Fürer-Haimendorf, Christoph von: Caste and kin in Nepal, India and Ceylon. Bombay etc.: Asia Publishing House 1966.

Gajurel, C. L. und K. K. Vaidya: Traditional arts and crafts in Nepal. New Delhi: S. Chand & Co. 1984.

Gerner, Manfred: Architekturen im Himalaja. Stuttgart: DVA 1987.

Gurung, Harka: Food systems and society in Nepal: an overview. Kathmandu: New Era 1981.

Haffner, Willibald: Nepal Himalaya. Untersuchungen zum vertikalen Landschaftsaufbau Zentral- und Ostnepals. Wiesbaden: Franz Steiner 1979.

Iijima, Shigeru: Hinduization of a Himalayan tribe in Nepal. In: The Kroeber Anthropological Society Papers, 29 (1963), S. 43–53.

Kleinert, Christian: Haus- und Siedlungsformen im Nepal Himalaya unter Berücksichtigung klimatischer Faktoren. Innsbruck und München: Universitätsverlag Wagner 1973.

Kleinert, Christian: Siedlung und Umwelt im zentralen Himalaya. In: Geoecological Research, 4 (1983), S. 1–269.

Korn, Wolfgang: The traditional architecture of the Kathmandu Valley. Kathmandu: Ratna Pustak Bhandar 1979.

Krämer, Karl-Heinz: Das Königtum in der modernen nepalischen Geschichte. Sankt Augustin: VGH Wissenschaftsverlag 1981.

Limberg, Walter: Anbausysteme im Likhu-Tal (Ost-Nepal) zwischen 1400 und 3000 m Höhe. In: Erdwissenschaftliche Forschung, Bd. V (1973), S. 23–30.

Majupuria, Trilok Chandra und Indra: The complete guide to Nepal. Lashkar 1983.

Muni, Suk Deo (Hrsg.): „Nepal – an assertive monarchy". New Delhi: Chetana Publications 1977.

Nepali, Gopal Singh: The Newars. An ethno-sociological study of a Himalayan community. Bombay: United Asia Publications 1965.

Poudyal, Madhab P.: Aspects of public administration in Nepal. New Delhi: National Book Organization 1986.

Pradhan, Radhe S.: Industrialization in Nepal. A macro and micro perspective. Delhi: NBO Publishers 1984.

Rau, Heimo: Tempeltürme in Nepal. In: Indo-Asia 11 (1969), S. 258–265.

Sanday, John: Kathmandu Valley. Nepalese historic monuments in need of preservation. Paris: UNESCO 1982.

Schick, Jürgen: Die Götter verlassen das Land. Die Plünderung der Kunst Nepals. Graz: Akademische Druck- und Verlagsanstalt 1989.

Schumann, Hans Wolfgang: Buddhistische Bilderwelt. Ein ikonographisches Handbuch des Mahayana- und Tantrayana-Buddhismus. Köln: Diederichs 1986.

Schumann, Hans Wolfgang: Der historische Buddha. Leben und Lehre des Gotama. Diederichs Gelbe Reihe, 73. Köln: Diederichs 1988.

Sestini, Valerio und Enzo Somigli: Sherpa architecture. Paris: UNESCO 1978.

Shreshtha, B. P.: The economy of Nepal – or a study in problems and processes of industrialization. Bombay: Vora & Co. 1967.

Thapa, Netra B.: A short history of Nepal. Kathmandu: Ratna Pustak Bhandar 1981.

Tüting, Ludmilla: Nepal für Globetrotter. Berlin: Selbstverlag 1979.

Waldschmidt, Ernst und Rose Leonore: Nepal – Kunst aus dem Königreich Nepal. Ausstellungskatalog. Essen: Villa Hügel 1967.

Wiesner, Ulrich: Nepal, Königreich im Himalaya. Geschichte, Kunst und Kultur im Kathmandu-Tal. Köln: DuMont 1977.

Aktuelle Länderkunden in der Beck'schen Reihe

Politisches Lexikon Afrika, hrsg. von R. Hofmeier/
  M. Schönborn (BsR 810)
Politisches Lexikon Asien, Australien, Pazifik, hrsg. von W. Draguhn/
  R. Hofmeier/M. Schönborn (BsR 827)
Bolivien, von T. Pampuch/A. Echalar A. (BsR 813)
Brasilien, von M. Wöhlcke (BsR 804)
China, von O. Weggel (BsR 807)
Kleines England-Lexikon, von P. Fischer/G. P. Burwell (BsR 814)
Frankreich, von G. Haensch/D. Soulas de Russel/A. Lory (BsR 805)
Kleines Frankreich-Lexikon, von G. Haensch/P. Fischer (BsR 802)
Griechenland, von B. Bockhoff (BsR 808)
Großbritannien 1 und 2, von H. Händel/I. Friebel (BsR 203/263)
Hawaii, von S. Dömpke (BsR 823)
Indien, von K. Gräfin v. Schwerin (BsR 820)
Indochina, von O. Weggel (BsR 809)
Irland, von M. P. Tieger (BsR 801)
Italien, von C. Chiellino/F. Marchio/G. Rongoni (BsR 821)
Kleines Italien-Lexikon, von C. Chiellino (BsR 819)
Jugoslawien, von C. v. Kohl (BsR 832)
Korea, von H. W. Maull/I. M. Maull (BsR 812)
Politisches Lexikon Lateinamerika, hrsg. von P. Waldmann/
  U. Zelinsky (BsR 221)
Politisches Lexikon Nahost, hrsg. von U. Steinbach/R. Hofmeier/
  M. Schönborn (BsR 199)
Nepal, von W. Donner (BsR 833)
Niederlande, von J. Schilling/R. Täubrich (BsR 817)
Nordamerika, Vereinigte Staaten und Kanada 1 und 2,
  von H. Riege (BsR 174/179)
Norwegen, von G. Austrup/U. Quack (BsR 828)
Kleines Österreich-Lexikon, von S. Gassner/
  W. Simonitsch (BsR 815)
Peru, von E. v. Oertzen (BsR 822)
Philippinen, von R. Hanisch (BsR 816)
Portugal, von G. und A. Decker (BsR 806)
Schweden, von G. Austrup (BsR 818)
Sowjetunion 1 und 2, von W. Feichtner/B. Seyr (BsR 245/246)
Spanien, von W. Herzog (BsR 811)
Kleines Spanien-Lexikon, von G. Haensch/
  G. Haberkamp de Antón (BsR 825)
Tibet, von K. Ludwig (BsR 824)
Türkei, von F. Şen (BsR 803)
Kleines USA-Lexikon, von J. Redling (BsR 826)

Buchanzeigen

Die Krise der Dritten Welt

Der neue Tourismus
Rücksicht auf Land und Leute
Herausgegeben von Klemens Ludwig, Michael Has und Martina Neuer.
Mit einem Nachwort von André Heller.
1990. 172 Seiten mit 8 Abbildungen. Paperback
Beck'sche Reihe Band 408

Wolfgang S. Heinz
Menschenrechte in der Dritten Welt
1986. 158 Seiten. Paperback
Beck'sche Reihe Band 305

Manfred Wöhlcke
Umweltzerstörung in der Dritten Welt
1987. 123 Seiten mit Karten, Übersichten und Tabellen. Paperback
Beck'sche Reihe Band 331

Volker Matthies
Kriegsschauplatz Dritte Welt
1988. 234 Seiten mit 4 Schaubildern und 14 Tabellen. Paperback
Beck'sche Reihe Band 358

Jahrbuch Dritte Welt 1990
Daten, Übersichten, Analysen
Hrsg. vom Deutschen Übersee-Institut, Hamburg
1989. 319 Seiten mit 2 Karten und 8 Tabellen. Paperback
Beck'sche Reihe Band 396

Manfred Wöhlcke
Der Fall Lateinamerika
Die Kosten des Fortschritts
1989. 152 Seiten mit 14 Tabellen. Paperback
Beck'sche Reihe Band 394

Verlag C. H. Beck München

Orientalische Bibliothek

Die Erzählungen von Visnu
Indische Mythen und Legenden
Herausgegeben von Lydia Icke-Schwalbe
1990. 134 Seiten mit 29 farbigen Abbildungen.
Leinen

Weisheit des alten Indien
Band 1: Vorbuddhistische und nicht buddhistische Texte
Band 2: Buddhistische Texte
Kommentiert von Johannes Mehlig
1987. Zusammen 1382 Seiten. Leinen

Rabindranath Tagore
Gora
Roman. Nachbemerkung von Roland Beer
1988. 582 Seiten. Leinen

Zhong Kui
Bezwinger der Teufel
Altchinesisches Volksbuch
Nachwort von Roland Beer,
Essay von O. L. Fischmann
1987. 283 Seiten mit 10 Abbildungen. Leinen

Wu Jingzi
Der Weg zu den weißen Wolken
Geschichten aus dem Gelehrtenwald
Aus dem Chinesischen übertragen von Yang Enlin
und Gerhard Schmitt. Mit einem Nachwort von Eva Müller
1990. Zwei Bände, zusammen 982 Seiten mit 18 Abbildungen.
Leinen im Schuber

Verlag C. H. Beck München